# hugo
## *in* 3 MONTHS
# DUTCH

Jane Fenoulhet

A DORLING KINDERSLEY BOOK

LONDON, NEW YORK, MUNICH,
MELBOURNE, AND DELHI

This edition first published in Great Britain
in 2003 by Dorling Kindersley Limited,
80 Strand, London WC2R 0RL

First published in Great Britain by
Hugo's Language Books Limited, 1983

A CIP catalogue record is available from the British Library.
ISBN-13: 978-1-4053-0106-0
ISBN-10: 1-4053-0106-6

Hugo Dutch In Three Months is also available in
a pack with three CDs, ISBN 0-7513-6993-4

Written by
**Jane Fenoulhet** M. Phil. (Dutch)
Senior Lecturer in Dutch at
University College London

Printed and bound in China by Leo Paper Product LTD

see our complete catalogue at
**www.dk.com**

# Preface

This new edition of *Hugo Dutch in Three Months* has been written for us by Jane Fenoulhet, who has considerable experience in teaching her subject from university level downwards. The book is designed for students learning at home, who want to acquire a good working knowledge of the language in a short time. The grammar is presented concisely and clearly, and the student is given plenty of opportunity to practise what has been learnt. In order to gain the most from *Hugo Dutch in Three Months*, you should spend about eight hours a week studying. Every three weeks in the course there is time allowed for revision as well as revision exercises.

Start with sections 1–3 on pronunciation. It is extremely important that you master the sounds of Dutch before moving on to the grammar. Each sound is described in enough detail for you to work out its pronunciation, but if possible this should be done in conjunction with the CD recordings that we offer as optional extras to the book. The best way to master the sounds, stress and intonation of a foreign language is by imitating a native speaker. Failing this, you might be able to listen to Dutch on the radio or via the internet; it will at least give you some idea of the sounds and rhythm of spoken Dutch. You should move on to the following sections only when you are able to recognize readily which letters spell which sounds. The exercises and drills will serve as a test.

The rest of the book is organized in a pattern, enabling you to develop a study routine. The work is divided into five areas:

**Grammar** Read through each numbered section of new grammar at least twice. Use the references to other sections as opportunities for revision. Try to understand rather than memorize; if you have understood, the exercises and drills will ensure that you remember the rules through applying them.

**Vocabulary** Lists of words contain all the vocabulary needed for the week's work.

**Exercises** These are mainly straightforward translation exercises carefully formulated to incorporate both the grammar and the most important rules learnt so far, and both old and new vocabulary. The student is expected to have learnt the vocabulary as he or she progresses. The language used is everyday, standard Dutch. It is most important that you check your answers carefully with the key. If you don't understand a mistake, go back to the grammar. At the back of the book there is a grammatical index to help you find the section you require.

**Drills** These are intended to be spoken aloud, for both pronunciation and grammar practice. Cover all but the top line with a sheet of paper, because the answer is given on the next line. Work through the drills line by line and use them as a test to see if you are ready to move on to the next chapter; if you can complete them fluently, then you are. If you are not, carefully go through the chapter again.

**Conversation** Each week contains a sample of standard colloquial Dutch. It is important to remember that idiomatic language cannot be translated word for word. An English translation is given to enable you to compare idioms. Practise reading the Dutch conversation aloud until you can do so without hesitating.

The course is rounded off with a few reading passages that have been graded according to their grammatical content; by the time you have completed Week 8, you should have sufficient knowledge to manage the first two passages. As a whole, the book provides the sound grammatical basis needed in order to speak, understand, read and write Dutch. But it is important to continue expanding your vocabulary through reading, listening to the radio if possible and, best of all, through visiting the country. We hope you will enjoy this course, and wish you success with your studies.

# Contents

# Week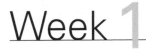

*You will learn:*
- stress, voiced consonants
- consonants
- vowels
- spelling rules related to pronunciation

*The grammar includes:*
- personal subject pronouns ('I', 'you', 'he', etc)
- present tense of 'zijn' ('to be') and 'hebben' ('to have')
- question form

## 1 PRONUNCIATION

It cannot be emphasized strongly enough that the only way the student will learn to pronounce Dutch sounds correctly is by imitating a Dutch speaker. If at all possible, then, you should listen to the pronunciation on the CDs over and over again until you can make the same sounds as the voice on the tape. Particular attention should be paid to the vowel sounds which are very different from English vowels. The consonants, on the other hand, are the same as in English in most cases.

Although the spelling of individual sounds is given below in the pronunciation sections 1–3, we shall look at the spelling of Dutch in more detail in section 4.

Stress in Dutch generally falls on the first syllable of a word, as in English (e.g. CAR-pet). On the first appearance of any word that is an exception to this rule, we will indicate where the stress falls by a stroke (') placed before the stressed syllable (e.g. **het'zelfde**, where the second syllable is stressed, **het-ZELF-de**). This will not apply, however, where the Dutch word begins with an unstressed prefix (see section 31c), since this is a rule you can learn and implement yourself.

NOTE: Voiced consonants are those which are produced with vibration of the vocal cords, e.g. b. When voiceless consonants are produced, the vocal cords do not vibrate,

**1**

e.g. p. This distinction is important for the description of certain Dutch consonants in section 2.

## 2 CONSONANTS

**s, f, h, b, d, z, l, m, n**, and **ng** (as in English 'sing') are the same in Dutch as in English.

**p, t, k** are pronounced like their English counterparts but without the puff of air which follows the English sound. You can test this by holding your hand in front of your mouth and saying 'put'. You should feel the escape of breath immediately after the p sound. This must not happen when making the Dutch sounds.
Practise saying the Dutch word **pet** (cap).

**ch:** Dutch **ch** spells one sound. It is the same sound as the ch in Scottish 'loch' or German 'Bach' and made by friction at the back of the mouth.
Practise saying **licht** (light).

**sch:** Dutch has a combination of **s** followed by **ch**, as in **schip** (ship) which is very difficult for an English speaker to pronounce and requires special attention.

**g:** Beware! **g** in Dutch is never pronounced in the English way. It is the same sound as **ch**, although it is voiced in some parts of the country.
Practise: **gek** (mad). Occasionally **g** is pronounced like the s in English 'measure'.

**w** is pronounced like English v when it occurs before **r**. Otherwise it is made like English w but usually with the bottom lip against the top teeth. Aim for a sound in between an English v and an English w.
Practise: **wit** (white).

**v** is like English v in 'give' although its pronunciation is sometimes closer to that of English f, especially at the beginning of words.

Practise: **vet** (fat).

**r** is made either by trilling the tongue against the back of the top teeth (rolled r) or by friction at the back of the mouth (guttural r). It is always pronounced in Dutch. Practise: **pret** (fun).

There are three more consonants in Dutch which sound the same as English sounds but which are spelt differently:

**j** is pronounced the same as English y
**sj** is pronounced similarly to English sh
**tj** is pronounced similarly to English ch

## 3  VOWELS

This section is divided into four parts (A–D), which will be explained further in section 4.

**A**  Some of the vowels have alternative spellings as indicated but the sound is the same in each case.

**aa/a**  This vowel is like English a in 'cat' but longer.
Practise: **straat** (street), **water** (water).

**ee/e**  This is similar to the English vowel sound in 'hail', although it is shorter. The lips should be stretched as if in a smile.
Practise: **heel** (whole), **beter** (better).

**ie**  This is like the English vowel sound in 'neat', but shorter.
Practise: **niet** (not).

**oo/o**  This vowel is similar to the English vowel sound in 'boat', but it is shorter. The lips must be rounded.
Practise: **boot** (boat), **stro** (straw).

**oe**  This vowel is very like the English oo in 'pool', but shorter and made further back in the mouth.

The lips should be rounded.
Practise: **poel** (pool).

**eu** There is no equivalent sound in English. Make Dutch **eu** by pronouncing the English vowel sound in 'hurt', but with the lips tightly rounded.
Practise: **neus** (nose).

**uu/u** There is no equivalent vowel sound in English. Make Dutch **uu** by pronouncing English oo as in 'loot' and tightly pursing the lips whilst pressing the tongue against the bottom teeth.
Practise: **muziek** (music), **buur** (neighbour).

All the vowel sounds listed above are pronounced much longer if followed by an **r**.
Practise: **paar** (pair), **peer** (pear), **dier** (animal), **noord** (north), **boer** (farmer), **deur** (door), **duur** (expensive).

**B** The following vowel sounds are different from those spelt similarly in section 3A. They are, in addition, always short:

**a** There is no equivalent sound in English. Make Dutch **a** by saying the English vowel sound as in 'hard' but pronounced very short.
Practise: **man** (man).

**e** This vowel is very like the English vowel sound in 'bet', but it is shorter.
Practise: **vet** (fat).

**i** This is very like the English vowel sound in 'bit', but it is shorter.
Practise: **wit** (white).

**o** This vowel sound is similar to the English o as in 'pot', but it is shorter and the lips are rounded.
Practise: **pot** (pot).

**u**  There is no equivalent sound in English. Make the Dutch **u** by saying the English vowel sound in 'dirt' but pronounced very short.
Practise: **bus** (bus).

**C** The following sounds are diphthongs or combinations of two vowels.

**ei/ij**  This sound is not found in English. It is somewhere between the sound in English 'light' and the sound in English 'late'.
Practise: **trein** (train), **fijn** (fine).

**aai**  This sound is a combination of Dutch **aa** and **ie**.
Practise: **taai** (tough).

**oei**  This sound is a combination of Dutch **oe** and **ie**
Practise: **groei** (growth).

**ooi**  This sound is a combination of Dutch **oo** and **ie**.
Practise: **mooi** (beautiful).

**ou/au** This sound is not found in English. Pronounce the English diphthong in 'shout' but make the first vowel of the diphthong more like English o as in 'shot'.
Practise: **nou** (now), **blauw** (blue).

**eeuw** This sound is a combination of Dutch **ee** and **oe**.
Practise: **leeuw** (lion).

**ieuw** This sound is a combination of Dutch **ie** and **oe**.
Practise: **nieuw** (new).

**uw**  This sound is a combination of Dutch **uu** and **oe**.
Practise: **sluw** (sly).

**ui**  This sound is not found in English. Make Dutch **ui** by pronouncing the English vowel sound as in 'house' with the lips tightly rounded and the

tongue pressed against the bottom teeth.
Practise: **huis** (house), **tuin** (garden).

**D** There is one last vowel sound in Dutch. It is a short, weak vowel occurring only in unstressed syllables. It is like the English sound at the beginning of 'along'. It is spelt in a variety of ways.

Practise:

| | |
|---|---|
| **e** | **de** (the) |
| **ee** | **een** (a) |
| **i** | **aardig** (nice) |
| **ij** | **vriendelijk** (kind). |

## 4 SPELLING

Dutch spelling poses few problems compared with English spelling. But there are some points about vowels that require your attention.

In section 3B there are four vowel sounds **a**; **e**; **o**; **u** which are always spelt with one letter. You will have noticed, however, that some of the vowels described in 3A are spelt in two ways: **aa** or **a**; **ee** or **e**; **oo** or **o**; **uu** or **u**. The most important spelling rule in Dutch deals with the spelling of these vowel sounds:

In closed syllables, i.e. those that end in a consonant, the letter is doubled – e.g. **aa** as in **maan** (moon).

If another syllable is added, such as the plural ending **-en**, the vowel spelling changes to a single letter e.g. **manen** (moons). This is because the syllable is now open, i.e. it ends in a vowel, as the syllable division is drawn before the consonant: **ma/nen**.

So with a 3A vowel the rule is: write double letters for the vowel in syllables ending with a consonant, and a single letter in syllables ending with a vowel. (Note that the change of spelling does not affect the way the vowel sounds.)

A 3B vowel must always be written in closed syllables. So, for example, the plural of **man** (man) is **mannen**. The final consonant is doubled, thus keeping the first syllable closed.

The following table will give a clearer view of the spelling system of Dutch vowels. The top line of each pair represents the 3A class of vowel, the bottom line represents the 3B class:

|  | singular | plural |
|---|---|---|
|  | **maan** | **manen** |
| *compare:* | **man** | **mannen** |
|  | **peen** (carrot) | **penen** |
| *compare:* | **pen** (pen) | **pennen** |
|  | **poot** (paw) | **poten** |
| *compare:* | **pot** | **potten** |
|  | **buur** | **buren** |
| *compare:* | **bus** | **bussen** |

There is only one exception to this rule. A 3A vowel is normally spelt with one letter at the end of a word (open syllable) as in **sla**, **stro**, **paraplu**, with the exception of **ee**, hence **zee** (sea). The spelling of the other vowel sounds is invariable. All other spelling matters will be dealt with as they arise.

## Exercise 1

Read the following list of words aloud:

boer, peer, straat, boot, poel, man, pot, trein, tuin, leeuw, bus, buur, pen, poot, taai, aardig, nieuw, groei, mooi, nou.

## Exercise 2

Write down the plurals of these nouns by adding -en and adjusting the spelling where necessary:

trein, leeuw, boer, peer, poot, buur, pen, tuin, bus, boot, pot, straat, man, deur, maan.

## Drills

Read the Preface on page 4 before starting drills.

Repeat the following sentences several times: first by imitating what you hear without looking at the book and then by listening and reading. If you do not have the CDs, use the drill for reading practice. If you are ever in doubt about pronunciation, refer back to this lesson. Never hazard a guess.

| | |
|---|---|
| De man is vriendelijk. | The man is kind. |
| De tuin is mooi. | The garden is beautiful. |
| De trein is nieuw. | The train is new. |
| De buurman is aardig. | The neighbour is nice. |
| De boer zit in de bus. | The farmer is sitting on the bus. |
| Een leeuw is een dier. | A lion is an animal. |

## VOCABULARY

| | | | |
|---|---|---|---|
| **aardig** | nice | **duur** | expensive |
| **blauw** | blue | **een** | a |
| **de boer** | farmer | **fijn** | fine |
| **de boot** | boat | **groei** | growth |
| **de bus** | bus | **het huis** | house |
| **de buur** | neighbour | **in** | in |
| **de buurman** | male neighbour | **is** | is |
| | | **de leeuw** | lion |
| **de** | the | **de maan** | moon |
| **de deur** | door | **de man** | man |
| **het dier** | animal | **mooi** | beautiful |

| | | | |
|---|---|---|---|
| **niet** | not | **sluw** | sly |
| **nieuw** | new | **de straat** | street |
| **nu** | now | **de stro** | straw |
| **paar** | pair | **taai** | tough |
| **de para'plu** | umbrella | **de trein** | train |
| **de peen** | carrot | **de tuin** | garden |
| **de peer** | pear | **vriendelijk** | kind, |
| **de pen** | pen | | friendly |
| **de pet** | cap | **het water** | water |
| **de poel** | pool | **wit** | white |
| **de poot** | paw | **de zee** | sea |
| **de pot** | pot | **zit** | sits, is |
| **de sla** | lettuce | | sitting |

## 4A  THE IMITATED PRONUNCIATION

Any system of 'imitated pronunciation' (where the sound of the foreign word is written down as if it was in English syllables) is bound to have drawbacks. The author of this book is totally against such imitative methods. However, it must be said that some students will have no Dutch speaker to help them, and will also be unable to use our CD recordings of the text. They also need to be sure that their pronunciation is reasonably accurate before they get into bad habits. The use of 'imitated pronunciation' is obviously helpful to such students, so we are maintaining a well-known feature of Hugo language courses by providing it for certain key words and the vocabulary lists in the early part of the course. Refer to the guide only as a last resort, and remember that the need to do so means that you really ought to revise this first week.

Read the imitated pronunciation as if you were sounding English syllables, bearing in mind these modifications:

**HG** represents the guttural **ch** or **g**.
*r* in italics is silent, being put there to ensure you sound the preceding English vowel correctly.
**EE** represents the long Dutch **uu/u**.

*a* in bold italics represents the short Dutch **a**.
**OW** represents the Dutch **ui** sound.
**ER** represents the Dutch **eu** sound.

Remember that when you see ow (in small letters, not capitals) in the imitated pronunciation, it should sound more like ow in 'how' than in 'blow', but not emphatically so. The ah in an imitation like 'straht' (for the Dutch **straat**) should not be too long. When we put a double **ff**, sound it as an English f; a single **f** (standing for the Dutch **v**) may be sounded somewhere between the English f and v. The Dutch **w** is represented by a **v** in the imitated pronunciation but you may modify this English v-sound towards that of **w**, as the earlier notes instruct you.

## 4B THE DUTCH ALPHABET

The Dutch alphabet consists of the same letters as the English, but the letters Q, X, and Y are only used in foreign words.

| | | | | | |
|---|---|---|---|---|---|
| A | ah | J | yay | S | ess |
| B | bay | K | kah | T | tay |
| C | say | L | ell | U | **EE** |
| D | day | M | emm | V | fay |
| E | ay | N | enn | W | vay |
| F | eff | O | oh | X | iks |
| G | **HG**ay | P | pay | Y | ee-**HG**rek |
| H | hah | Q | k**EE** | Z | zett |
| I | ee | R | air | | |

## 5⁰ PERSONAL SUBJECT PRONOUNS: I, YOU, HE, SHE, ETC

| singular | stressed | unstressed | |
|---|---|---|---|
| *1st person* | **ik** | **('k)** | I |
| *2nd person* | | | |
| *(informal)* | **jij** | **je** | you |
| *(formal)* | **u** | | you |

| 3rd person | hij | (ie) | he |
| | zij | ze | she |
| | het | 't | it |
| plural | | | |
| 1st person | wij | we | we |
| 2nd person | | | |
| (informal) | jullie | je | you |
| (formal) | u | | you |
| 3rd person | zij | ze | they |

The informal second person pronouns **jij** and **jullie** are generally used when speaking to family and friends. The second person formal pronoun **u** is used when talking to strangers and to superiors.

Note that some pronouns have an unstressed form which follows the stressed form in the table above. The unstressed form is the one commonly used in speech unless special emphasis is required. The stressed forms are commonly used in writing. The unstressed forms given in brackets are never used when writing. The other unstressed pronouns – the ones without brackets – are used in less formal writing.

**Je**, the unstressed form of the informal plural 'you' **jullie**, can only be used once **jullie** has been mentioned. This avoids confusion with the singular, which also has **je** as its unstressed form. The risk of confusion is particularly strong as **je** is always used with a singular verb.

## IMITATED PRONUNCIATION (5)

ick/'k; yey/yer; **EE**; hey/ee; zey/zer; het/ert; vey/ver; yerl-lee/yer; **EE**; zey/zer.

## 6 ZIJN ('TO BE')

One of the most useful parts of any language is the verb 'to be'. But zijn is irregular and must therefore be learnt by heart. Note that although the words for 'she' and 'they' are the same when used with a verb, the form of the verb distinguishes between them.

Present tense

singular
| | |
|---|---|
| **ik ben** | I am |
| **jij bent** | you are |
| **u bent** | you are |
| **hij is** | he is |
| **zij is** | she is |
| **het is** | it is |

plural
| | |
|---|---|
| **wij zijn** | we are |
| **jullie zijn** | you are |
| **u bent** | you are |
| **zij zijn** | they are |

## IMITATED PRONUNCIATION (6)

zeyn; ick ben; yey bent; **EE** bent; hey iss; zey iss; het iss; vey zeyn; yerl-lee zeyn; **EE** bent; zey zeyn.

## 7 QUESTION FORM

The interrogative or question form of **zijn** consists of switching round the personal pronoun and the verb, just as in English. For example:

| | |
|---|---|
| **ben ik?** | am I? |
| **ben jij?** | are you? |
| **is hij?** | is he? |

This switching round of subject and verb is called 'inversion'. Whenever inversion occurs in Dutch, the **jij**-form of the verb drops its **-t** ending, for example **ben jij?**

For more on questions, see section 19.

## 8 HEBBEN ('TO HAVE')

Present tense

singular

| | |
|---|---|
| **ik heb** | I have |
| **jij hebt** | you have |
| **u hebt/heeft** | you have |
| **hij, zij, het heeft** | he, she, it has |

plural

| | |
|---|---|
| **wij hebben** | we have |
| **jullie hebben** | you have |
| **u hebt/heeft** | you have |
| **zij hebben** | they have |

Like **zijn**, **hebben** is also irregular and it is best learnt by heart.

When inverted for a question, the second person singular form of the verb also drops its **-t** ending, for example **heb jij?**

## IMITATED PRONUNCIATION (8)

heb-be*r*; ick hep; yey hept; **EE** hept/hayft; hey/yey/het hayft; vey heb-be*r*; ye*r*l-lee heb-be*r*; **EE** hept/hayft; zey heb-be*r*.

## VOCABULARY

| | |
|---|---|
| **alle'bei** | both |
| **dus** | so |
| **en** | and |
| **erg** | very |
| **hebben** | to have |
| **hoofdpijn hebben** | to have a headache |
| **keelpijn hebben** | to have a sore throat |
| **koorts hebben** | to have a temperature |
| **het'zelfde** | the same thing |
| **ja** | yes |
| **mis'schien** | perhaps |
| **moe** | tired |
| **ook** | too, also |
| **pre'cies** | exactly, precisely |
| **wat vreemd!** | how funny! how odd! |
| **ziek** | ill |

## IMITATED PRONUNCIATION

al-ler-'bey; derss; en; er**HG**; heb-ber; hohft-peyn …;
kayl-peyn …; kohrts …; ert-zelv-der; yah; miss-'**HG**een;
moo; ohk; pray-'sees; vat fraymt; zeek.

### Exercise 3

Translate the following into English:

1 Is de man aardig?
2 Jullie zijn gek.
3 Ik ben erg ziek.
4 Zij is ook ziek.
5 Ben jij moe?
6 Wij zijn ook moe.
7 De buren zijn vriendelijk.
8 Zij zijn erg aardig.
9 U bent erg vriendelijk.
10 Jij bent sluw.

## Exercise 4

Translate the following into English:

1 Hij heeft een huis.
2 Het heeft een tuin.
3 Hebben de buren een boot?
4 Wij hebben een tuin en een boot.
5 Heb jij een paraplu?
6 Ik heb een peer.
7 Jullie hebben keelpijn.
8 Heeft de boer een leeuw in de tuin?
9 Leeuwen hebben poten.
10 Heeft u een pen?

## Exercise 5

Translate the following into Dutch:

1 Are the neighbours friendly?
2 He is nice.
3 She is very ill.
4 We have a house and a garden.
5 The house is new.
6 Do you (formal) have an animal in the garden?
7 Yes, I have a lion.
8 You (singular) have a pen and an umbrella.
9 They are both new.
10 You (plural) are tired and ill.
11 I am also ill.
12 You (formal) are very beautiful.
13 The moon is also beautiful.
14 They have a boat.
15 Do you (singular) have a boat too?

## Drills

For drills 1 and 2, substitute the word in the second column for the word in **bold** type in the first. For drill 3, respond to the stimulus, in each case substituting the first word as before. Alter the form of the verb if necessary and always keep the next line covered.

**1** Substitution drill

| | |
|---|---|
| **Hij** is ziek. | **wij** |
| **Wij** zijn ziek. | **jullie** |
| **Jullie** zijn ziek. | **ik** |
| **Ik** ben ziek. | **zij** (plural) |
| **Zij** zijn ziek. | **u** |
| **U** bent ziek. | **zij** |
| **Zij** is ziek. | **jij** |
| **Jij** bent ziek. | |

**2** Substitution drill

| | |
|---|---|
| **Ik** heb hoofdpijn. | **zij** (plural) |
| **Zij** hebben hoofdpijn. | **hij** |
| **Hij** heeft hoofdpijn. | **u** |
| **U** hebt hoofdpijn. | **jullie** |
| **Jullie** hebben hoofdpijn. | **zij** |
| **Zij** heeft hoofdpijn. | **jij** |
| **Jij** hebt hoofdpijn. | **wij** |
| **Wij** hebben hoofdpijn. | |

**3** Stimulus-response drill

S  Ik heb hoofdpijn.
R  Wij hebben hoofdpijn.

S  Jij hebt koorts.
R  Jullie hebben koorts.

S  Zij heeft keelpijn.
R  Zij hebben keelpijn.

S  Hij is aardig.
R  Zij zijn aardig.

S  Ik ben moe.
R  Wij zijn moe.

S  Jij bent ziek.
R  Jullie zijn ziek.

## CONVERSATION

*We zijn allemaal ziek!*

BEA **Ben jij moe?**
WILLEM **Ja, ik ben erg moe.**
BEA **Is hij ook moe?**
WILLEM **Ja, hij is ook erg moe.**
BEA **Dus jullie zijn allebei moe.**
WILLEM **We hebben allebei hoofdpijn.**
BEA **Hebben jullie misschien ook koorts?**
WILLEM **Ja, en keelpijn.**
BEA **Wat vreemd! Ik heb precies hetzelfde.**
WILLEM **Ben jij ziek?**
BEA **Ja. Jullie zijn dus ook ziek.**

## TRANSLATION

*We're all ill!*

BEA Are you tired?
WILLEM Yes, I'm very tired.
BEA Is he tired too?
WILLEM Yes, he's very tired too.
BEA So you're both tired.
WILLEM We've both got a headache.
BEA Perhaps you've got a temperature too.
WILLEM Yes, and a sore throat.
BEA How funny! I've got exactly the same thing.
WILLEM Are you ill?
BEA Yes. So you are ill too.

# Week 2

*Continuing with some basic groundwork, including:*

- articles 'de' and 'het' ('the'), and 'een' ('a')
- common gender and neuter nouns in the singular
- demonstratives ('this', 'that', 'those')
- forms of address
- the various plural formations (-en, -s, -eren)
- feminine nouns, both singular and plural forms

## 9  NOUNS AND ARTICLES

The Dutch definite article (the equivalent of the English 'the') may be either **de** or **het**, depending on the type of noun that follows it.

**1** Common nouns, also known as nouns of common gender, are preceded by **de**, for example, **de man, de tuin**.

**2** There are also neuter nouns in Dutch, for example **huis** (house). These are preceded by the definite article **het**, for example **het meisje, het huis**. In speech, **het** is nearly always pronounced **et** or **'t.**

**3** All plural nouns have **de** as their definite article whether they are of common or neuter gender. For example: **de mannen, de huizen**

NOTE: There is no easy way of telling whether a noun is common or neuter. The only way to remember them is to learn noun and article together.

**Een** (English a, an) is the indefinite article in Dutch. It is used before all singular nouns, both common and neuter, e.g. **een man** and **een huis**. It is pronounced with the weak vowel sound (see 3D). As in English, it cannot be used before a plural noun.

As you saw in section 5, English 'it' is sometimes translated by **het**. But it is also sometimes represented by **hij** ('he'). Dutch uses **het** as a pronoun to refer to objects denoted by neuter **'het-nouns'** and **hij** to refer to objects denoted by common-gender **'de-nouns'**.

For example:
**Het huis: het is groot.** The house: it is large.
**De boot: hij is groot.** The boat: it is large.

## IMITATED PRONUNCIATION (9)

m*a*n; t**OW**n; h**OW**ss; de*r*; de*r* m*a*n; de*r* t**OW**n; het; e*r*t mey-she*r*; e*r*t h**OW**ss; de*r* m*a*n-ne*r*; de*r* howz-e*r*; em; em m*a*n; em h**OW**ss; **HG**roht; boht.

## 10 DEMONSTRATIVES: THIS, THAT, THESE, THOSE

Dutch has two words for 'this': **deze** and **dit**. **Deze** is used before common nouns and **dit** is used before neuter nouns.

For example:
**deze man, dit huis.**

**Deze** is used with all plurals.

For example:
**deze mannen, deze huizen.**

Dutch also has two words for 'that': **die** and **dat**. **Die** is used before common nouns and **dat** before neuter nouns.

For example:
**die man, dat huis.**

**Die** is used with all plurals.

For example:
**die mannen, die huizen.**

These demonstratives – **deze/dit** and **die/dat** – can be used independently to refer to a noun already mentioned. English uses 'this (one)', 'that (one)', 'these (ones)' and 'those (ones)'.

For example:
**Twee jurken: deze is mooi maar die is duur.**
Two dresses: this one is pretty, but that one is expensive.

**Deze** and **die** are used in this case because **jurk** is a common gender noun. As one would expect, **dit** and **dat** are used with neuter nouns.

For example:
**Twee huizen: dit is groot maar dat is klein.**
Two houses: this one is big, but that one is small.

All plurals use **deze** and **die**.

For example:
**Zie je de schoenen in die etalage? Deze zijn mooi maar die zijn duur.**
Do you see the shoes in that shop window? These are pretty, but those are expensive.

Sometimes **die** is simply used as an alternative to the pronouns **hij/zij/zij** ('he (it)/she/they'). Similarly, **dat** sometimes replaces **het** ('it').

For example:
**Zie je de buren? Die zijn erg aardig.**
Do you see the neighbours? They are very nice.

## IMITATED PRONUNCIATION (10)

day-zer; dit; dee; dat; tvay yerrk-er; mah'ee; mahr; dEEr; kleyn; sHGoon-er; ay-tah-'lah-zher; bEEr-er; ahr-derHG.

## 11 DIT/DAT/HET + ZIJN + NOUN

Dutch has a special construction used when identifying
or describing people or things. It is introduced by either
**dit**, **dat**, or **het**.

For example:
**Dit is Jan.** This is Jan.
**Dat is de buurman.** That is the neighbour.
**Het is de buurvrouw.** It's the neighbour.

If the noun is plural, the verb also takes the plural form,
but **dit**, **dat**, or **het** never change.

For example:
**Dit zijn de schoenen.** These are the shoes.
**Dat zijn de jurken.** Those are the dresses.
**Het zijn de buren.** They are the neighbours.

### VOCABULARY

| | |
|---|---|
| bedoel je | do you mean |
| een beetje | a bit |
| bijna | almost |
| daar | there, over there |
| dik | fat |
| eigenlijk | actually, really |
| de etal'age | shop window |
| het is geen gezicht! | (it's) not a pretty sight! |
| groot | large |
| het haar | hair |
| de jongen | boy |
| de jurk | dress |
| kaal | bald |
| het kind | child |
| klein | small |
| kort | short |
| maar | but |
| het meisje | girl |
| me'juffrouw | Miss |

| | |
|---|---|
| me'neer | Mr |
| me'vrouw | Mrs/Ms |
| na'tuurlijk | natural |
| normaal | normal |
| nou! | well! |
| of | or |
| de pruik | wig |
| de rok | skirt |
| de schoen | shoe |
| slecht | bad |
| te | too |
| ten'minste | at least |
| twee | two |
| van | of |
| veel | much, many, a lot |
| verschrikkelijk | terrible |
| versleten | down at heel, worn out |
| de vrouw | woman |
| wat jammer! | what a pity! |
| weg | away, gone |
| wel nee | oh no |
| zie je | do you see |
| zo | so |

## IMITATED PRONUNCIATION

ber-dool yer; ern bayt-yer; bey-nah; dahr; dick; ey-HGer-lerk; der ay-tah-'lah-zher; HGroht; ert hahr; der yong-er; der yerrk; kahl; ert kint; kleyn; kort; mahr; ert mey-sher; mer-'yer-frow; mer-'nayr; mer-'vrow; nah-'tEEr-lerk; nor-mahl; now; off; der prOWk; der rock; der sHGoon; sleHGt; ter; ten-'minss-ter; tvay; fan; fayl; fer-'sHGrick-er-lerk; fer-'slay-ter; der frow; vat yam-mer; veHG; vel nay; zee yer; zoh.

PRONUNCIATION NOTE: Words that have a prefix such as **ver-** are stressed on the following syllable. This is normal, so we don't indicate ['] in the vocabulary list. See further note in section 31.

**2**

**meneer** (Mr), **mevrouw** (Mrs), **mejuffrouw** (Miss)

Each is written with a small initial letter and precedes the surname. **Mejuffrouw** is only used in correspondence. **Meneer** and **mevrouw** can be used on their own when addressing a stranger.

For example:
**Goede morgen, meneer Smit.**
Good morning, Mr Smith.
**Pardon, meneer.**
Excuse me.

This latter usage is still current, whereas, the use of its English equivalent, 'sir', is very restricted.

When addressing an envelope, put **de Heer** instead of **meneer**. The feminine forms are abbreviated to **Mevr.** and **Mej.**, while **Mw.** corresponds to the English Ms.

## Exercise 6

Translate the following into English:

1 De man is klein.
2 Het meisje is erg dik.
3 De huizen zijn veel te groot.
4 De vrouw heeft een pruik.
5 De buren hebben een kind.
6 Het is een meisje.
7 Het meisje zit in de tuin.
8 De schoenen zijn een beetje versleten.
9 Het dier is niet vriendelijk.
10 Het is sluw.

## Exercise 7

Translate the following into English:

1 Dit huis heeft een tuin.
2 Dat huis is te klein.
3 Die huizen zijn erg groot.
4 Deze jurk is te kort.
5 Deze schoenen zijn een beetje groot.
6 Die schoenen zijn veel te klein.
7 Zie je deze jongen en dit meisje?
8 Die zijn erg aardig.
9 Dat zijn de buren.
10 Die is aardig maar die is niet zo vriendelijk.

## Exercise 8

Translate the following into Dutch:

1 This boy has a boat.
2 That girl has a pen.
3 These men are very kind.
4 Those women are also kind.
5 This house is large, but that one is small.
6 That garden is too big.
7 Those shoes are very expensive.
8 That dress is too short, but this one is very pretty.
9 These are the neighbours.
10 They are not very nice.
11 That animal over there is a lion.
12 This is the farmer.
13 He is sitting in a boat.
14 This boat is new and that one is too.
15 These women are both tired.

# Drills

For drill 1, substitute the word in the second column for the word in bold type in the first, altering the form of the demonstrative and verb if necessary. For drill 2, respond to the stimulus. In both cases, remember to keep the next line covered.

**1** Substitution drill

| | |
|---|---|
| Dit **huis** is klein. | **boot** |
| Deze **boot** is klein. | **meisje** |
| Dit **meisje** is klein. | **schoenen** |
| Deze **schoenen** zijn klein. | **tuin** |
| Deze **tuin** is klein. | **kind** |
| Dit **kind** is klein. | **huizen** |
| Deze **huizen** zijn klein. | **paraplu** |
| Deze **paraplu** is klein. | |

**2** Stimulus-response drill

S Die jongen is erg aardig.
R Deze is ook aardig.

S Dat dier is erg ziek.
R Dit is ook ziek.

S Die vrouwen hebben hoofdpijn.
R Deze hebben ook hoofdpijn.

S Dat kind heeft koorts.
R Dit heeft ook koorts.

S Die schoenen zijn erg versleten.
R Deze zijn ook versleten.

S Die jurk is erg kort.
R Deze is ook kort.

## CONVERSATION

*Mensjes kijken / People-watching*

**2**

| | |
|---|---|
| MEVROUW SMIT | **Zie je die twee vrouwen daar?** |
| MENEER DE WIT | **Bedoel je die met de jurk en die met het haar?** |
| MEVROUW SMIT | **Ja. Dat haar is veel te kort. Ze is bijna kaal.** |
| MENEER DE WIT | **Wel nee! Nou …. Maar zie je die met de jurk!** |
| MEVROUW SMIT | **Die is wel een beetje dik maar het haar is tenminste normaal.** |
| MENEER DE WIT | **Die jurk is te kort.** |
| MEVROUW SMIT | **Nou, de jurk is niet zo slecht – zie je die schoenen?** |
| MENEER DE WIT | **Die zijn wel erg versleten. Het is geen gezicht!** |
| MEVROUW SMIT | **Bedoel je die met de jurk of die met het haar?** |
| MENEER DE WIT | **Allebei eigenlijk. Wat jammer! Ze zijn weg!** |

## TRANSLATION

| | |
|---|---|
| MEVROUW SMIT | Do you see those two women over there? |
| MENEER DE WIT | Do you mean the one with the dress and the one with the hair? |
| MEVROUW SMIT | That hair is much too short. She's almost bald. |
| MENEER DE WIT | No it isn't. Well …. But do you see the one with the dress! |
| MEVROUW SMIT | She's a bit fat, but at least her hair's normal. |
| MENEER DE WIT | That dress is too short. |
| MEVROUW SMIT | Mm, the dress isn't so bad – do you see those shoes? |
| MENEER DE WIT | They're very down at heel. Not a pretty sight! |
| MEVROUW SMIT | Do you mean the one with the dress or the one with the hair? |
| MENEER DE WIT | Both, really. What a pity! They've gone. |

## 13 NOUN PLURALS ENDING -EN

The most frequent way of forming noun plurals in Dutch is to add **-en** to the singular noun, as in:

**maan**→ **manen**
**man**→ **mannen**

SPELLING NOTE: Please read section 4 again, and remember to apply the spelling rules.

PRONUNCIATION NOTE: The final **-n** is not usually pronounced, e.g. **manne(n)**.

**s** and **f** at the end of a noun are replaced by **z** and **v** respectively on the addition of the plural ending:

**huis**→ **huizen,**
**wolf**→ **wolven**

PRONUNCIATION NOTE At the end of a word **d** and **b** are pronounced t and p respectively. When the plural ending is added, **d** and **b** are pronounced as themselves, as in:

**het bed**→ **bedden**
**ik heb**→ **wij hebben**

A few nouns which add **-en** in the plural also change their vowel sound. The most useful ones are:

| | |
|---|---|
| **de dag** (day) | **dagen** |
| **het dak** (roof) | **daken** |
| **het glas** (glass) | **glazen** |
| **het schip** (ship) | **schepen** |
| **de stad** (town) | **steden** |
| **de weg** (road) | **wegen** |

Compare these with the examples in section 4. If the vowel sound of **dag** were to be preserved, the **g** would be doubled in the plural, in the same way as the **n** is doubled in **mannen**. But the vowel sound in **dagen** is the same as the vowel sound in **maan**. Similarly with **dak** and **glas** and **weg**. In other words, class 3B vowels in the singular become class 3A vowels in the plural.

## IMITATED PRONUNCIATION (13)

mahn; mahn-e*r*; m*a*n; m*a*n-ne*r*; h**OW**ss; h**OW**-ze*r*; volff; volf-e*r*; bet; bed-de*r*; hep; heb-be*r*; d*a***HG**; dah-**HG**e*r*; d*a*k; dah-ke*r*; **HG**l*a*ss; **HG**lah-ze*r*; s**HG**ip; s**HG**ay-pe*r*; st*a*t; stay-de*r*; ve**HG**; vay-ge*r*.

## 14 NOUN PLURALS ENDING -S

Some Dutch nouns form the plural by adding **-s**. They are:

**1** Nouns ending in **-el, -em, -en, -er** or **-je**.

For example:

| | |
|---|---|
| **de tafel** (table) | **tafels** |
| **de bezem** (broom) | **bezems** |
| **het laken** (sheet) | **lakens** |
| **de vader** (father) | **vaders** |
| **het meisje** (girl) | **meisjes** |

**2** Nouns ending in **-a, -o** or **-u**. The plural ending is always preceded by an apostrophe in this case.

For example:

| | |
|---|---|
| **de foto** (photograph) | **foto's** |
| **de paraplu** (umbrella) | **paraplu's** |

**3** Most nouns ending in an unstressed vowel:

| | |
|---|---|
| **de tante** (aunt) | **tantes** |
| **de am'bitie** (ambition) | **ambities** |

**4** Most foreign words (usually English or French).

For example:

**de tram** (tram)       **trams**
**het per'ron** (platform)       **perrons**

## IMITATED PRONUNCIATION (14)

tah-fe*r*l; tah-fe*r*ls; bay-zem; bay-zems; lah-ke*r*; lah-kens;
fah-der; fah-ders; mey-she*r*; mey-shess; ffoh-toh; ffoh-
tohs; pah-rah-'pl**EE**; pah-rah-'pl**EE**s; t*a*n-te*r*; t*a*n-te*r*s;
am-'beet-see; *a*m-'beet-sees; trem; trems; pehr-'ron;
pehr-'rons.

## 15   NOUN PLURALS ENDING -EREN

A small group of neuter nouns add **-eren** in the plural.
The most useful ones are listed below:

| | |
|---|---|
| **het blad** (leaf) | **bladeren** |
| **het ei** (egg) | **eieren** |
| **het kind** | **kinderen** |
| **het lied** (song) | **liederen** |
| **het volk** (nation, people) | **volkeren** (also **volken**) |
| **het been** (bone) | **beenderen** (inserts **d** before suffix) |

NOTE: **het been** (leg)       **benen** (legs)

## IMITATED PRONUNCIATION (15)

bl*a*t; blah-de*r*-re*r*; ey; ey-e*r*-re*r*; kint; kin-de*r*-re*r*; leet;
lee-de*r*-re*r*; folk; fol-ke*r*-re*r*/fol-ke*r*; bayn; bayn-de*r*-re*r*;
bayn; bay-ne*r*.

## 16   FEMININE NOUNS

To indicate the female of many occupations, nationalities
and animals, Dutch adds one of five endings – usually to
the masculine word for the same occupation, nationality,
etc. Each new feminine word needs to be learnt, but

examples of the five suffixes are given below:

**1  -in** (plural **-nen**) This suffix is always stressed, as in:

| | |
|---|---|
| **boer** (farmer) | **boerin** (farmer, farmer's wife) |
| **leeuw** (lion) | **leeuwin** (lioness) |
| **Rus** (Russian man) | **Russin** (Russian woman) |
| **koning** (king) | **koningin** (queen) |

**2  -es** (plural **-sen**) Stressed:

| | |
|---|---|
| **leraar** (male teacher) | **lerares** (female teacher) |
| **prins** (prince) | **prinses** (princess) |

**3  -esse** (plural **-n**) Stressed. This suffix replaces the **-is** ending of the masculine noun.

| | |
|---|---|
| **secret'aris** | **secretar'esse** |
| (male secretary) | (female secretary) |
| **bibliothek'aris** | **bibliothekar'esse** |
| (male librarian) | (female librarian) |

**4  -e** (plural **-n** or **-s**) Unstressed. For example:

| | |
|---|---|
| **stud'ent** | **stud'ente** |
| (male student) | (female student) |
| **telefon'ist** | **telefon'iste** |
| (male telephonist) | (female telephonist) |

For most nationalities, an unstressed **-e** is added to the adjective of nationality, as in:

| | |
|---|---|
| **Engels** (English) | **Engelse** (English woman) |
| **Nederlands** (Dutch) | **Nederlandse** (Dutch woman) |

**5  -ster** (plural **-s**) Unstressed. This ending is added to the stem of a verb. For example:

| | |
|---|---|
| **schrijf** (write) | **schrijfster** (authoress) |
| **verpleeg** (nurse) | **verpleegster** (female nurse) |

## IMITATED PRONUNCIATION (16)

boor; boor-'in; lay'oo; lay'oo-'in; rerss; rerss-'in; koh-
ning; koh-ning-'in; lay-rahr; lay-rahr-'ess; prins; prin-
'sess; sehk-rer-'tah-riss; sehk-rer-tah-'ress-er; bee-blee-
oh-tay-'kah-riss; bee-blee-oh-tay-kah-'ress-er; stEE-
'dent; stEE-'dent-er; tel-eh-fohn-'ist; tel-eh-fohn-'ist-er;
eng-els; eng-els-er; nay-der-lants; nay-der-lant-ser;
sHGreyff; sHGreyff-ster; fer-'playHG; fer-'playHG-ster.

## VOCABULARY

| | | | |
|---|---|---|---|
| **alles** | everything | **hier** | here |
| **altijd** | always | **ja'zeker** | indeed |
| **de biogra'fie** | biography | **kies'keurig** | choosy fussy |
| (plural: | | **luistert u eens** | listen here |
| **biografieën**) | | **mijn** | my |
| **het boek** | book | **moeilijk** | difficult |
| **de dag** | day | **de naam** | name |
| **Dag!** | Hello! | **de oom** | uncle |
| | Goodbye! | (plural: **ooms**) | |
| **goed** | good | **over** | about |
| **goede morgen!** | good | **de ro'man (-s)** | novel |
| | morning! | **saai** | dull, boring |
| (When an **e** is added to | | **de schrijver** | author |
| **goed**, the **d** is pronounced | | **uit** | from, out of |
| as a Dutch **j**.) | | **weet ik veel?** | how do I |
| **heel** | very | | know? |

## IMITATED PRONUNCIATION

al-lers; al- teyt; bee-oh-**HG**rahff-'ee; bee-oh-**HG**rahff-'ee-er;
book; da**HG**; **HG**oot; **HG**oo-yer mor-**HG**er; hayl; heer;
yah-'zay-ker; kees-'k**ER**-rer**HG**; l**OW**ss-tert **EE** ayns; meyn;
moo'ee-lerk; nahm; ohm; ohms; oh-ver; roh-'man; sah'ee;
s**HG**rey-ver; **OW**t; vayt ick fayl.

## Exercise 9

Translate the following into English:

1 Ik heb twee pennen.
2 De boer heeft veel penen.
3 Wolven en leeuwen zijn dieren.
4 Huizen hebben daken.
5 De steden hebben veel wegen en straten.
6 Die vrouwen hebben heel veel boeken.
7 Studenten hebben altijd veel boeken.
8 Biografieën zijn niet altijd saai.

## Exercise 10

Translate the following into English:

1 Dit zijn de jongens en meisjes van de buurvrouw.
2 Zij heeft twee tantes en twee ooms.
3 Deze foto's zijn erg goed.
4 De vaders en de moeders van die kinderen hebben allebei veel ambities.
5 Die liederen zijn erg mooi.
6 Deze paraplu's zijn groot.
7 De stad heeft veel trams.
8 Die tafels zijn nieuw.

## Exercise 11

Translate the following into English:

1 De bibliothekaresse heeft veel romans.
2 De schrijfster heeft twee huizen.
3 De lerares is erg aardig.
4 Dit is mijn secretaresse.
5 De vader van de studente heeft een boot.
6 De boerinnen zijn vriendelijk.
7 Zijn prinsessen altijd mooi?
8 De Engelse is ziek: zij heeft koorts.

## Exercise 12

Translate the following into Dutch:

1 These pears are expensive.
2 I have two dresses.
3 Are those novels dull?
4 The authoress has a lot of books.
5 Biographies are difficult.
6 The Dutch woman has two children.
7 Nurses are always kind.
8 The photographs of the lioness are very good.
9 The boys and girls are in the garden.
10 Are the roads good here?
11 Do you (singular) see those skirts in the shop window?
12 I have a book about ships and boats.
13 Is the teacher (f) very tired?
14 Aunts and uncles are nice.
15 Does the prince have a secretary (m)?

## Drills

1 Stimulus-response drill

S Dit boek is saai.
R Deze boeken zijn ook saai.

S Deze roman is slecht.
R Deze romans zijn ook slecht.

S Deze weg is nieuw.
R Deze wegen zijn ook nieuw.

S Dit kind is aardig.
R Deze kinderen zijn ook aardig.

S Deze etalage is groot.
R Deze etalages zijn ook groot.

S Dit huis is klein.
R Deze huizen zijn ook klein.

**2** Stimulus-response drill

S De leraar zit in de tuin.
R De lerares zit in de tuin.

S De bibliothekaris zit in de tuin.
R De bibliothekaresse zit in de tuin.

S De schrijver zit in de tuin.
R De schrijfster zit in de tuin.

S De boer zit in de tuin.
R De boerin zit in de tuin.

S De student zit in de tuin.
R De studente zit in de tuin.

S De telefonist zit in de tuin.
R De telefoniste zit in de tuin.

## CONVERSATION

*Een tevreden klant*

| | |
|---|---|
| MENEER DE BRUIN | **Goede morgen. Heeft u dat boek over de prinses?** |
| BIBLIOTHEKARESSE | **Ik heb veel boeken over prinsessen.** |
| MENEER DE BRUIN | **Deze is Engelse.** |
| BIBLIOTHEKARESSE | **Is het een biografie of een roman?** |
| MENEER DE BRUIN | **Biografieën zijn saai.** |
| BIBLIOTHEKARESSE | **Ook die over prinsen en prinsessen?** |
| MENEER DE BRUIN | **Heeft u een roman over een prinses uit Engeland?** |
| BIBLIOTHEKARESSE | **Jazeker, meneer. En de naam van de schrijver is ...?** |
| MENEER DE BRUIN | **Weet ik veel? U bent de bibliothekaresse.** |
| BIBLIOTHEKARESSE | **Dat is een beetje moeilijk, meneer.** |
| MENEER DE BRUIN | **Luistert u eens. Het is niet voor mij. Het is voor mijn vrouw. Die is niet zo kieskeurig.** |

| BIBLIOTHEKARESSE | **Hier heeft u een biografie van een telefoniste. Is dat goed?** |
| MENEER DE BRUIN | **Ja. Alles is goed. Dag mevrouw.** |

## TRANSLATION

*A satisfied customer*

| MR DE BRUIN | Good morning. Have you got that book about the princess? |
| LIBRARIAN | I've got a lot of books about princesses. |
| MR DE BRUIN | This one is English. |
| LIBRARIAN | Is it a biography or a novel? |
| MR DE BRUIN | Biographies are boring. |
| LIBRARIANE | Even those about princes and princesses? |
| MR DE BRUIN | Do you have a novel about a princess from England? |
| LIBRARIAN | Yes indeed. And the writer's name is …? |
| MR DE BRUIN | How do I know? You're the librarian. |
| LIBRARIAN | That makes it a bit difficult. |
| MR DE BRUIN | Listen here. It isn't for me. It's for my wife. She's not that fussy. |
| LIBRARIAN | Here's a biography of a telephonist. All right? |
| MR DE BRUIN | Yes. Anything. Bye [madam]. |

# Week 3

Here you will encounter some extra revision exercises. Take time to run through the ground you have already covered. New material includes:

■ forming the present tense of verbs
■ some useful verbs, including komen ('to come')
■ asking questions: where?, what?, who?, etc

## 17 FORMING THE PRESENT TENSE

English has two kinds of present tense where Dutch has only one: **hij drinkt** can mean 'he drinks' or 'he is drinking'.

To form the present tense, students first need to know the stem of the verb. When a new verb is given, it will be in the infinitive form:

| | |
|---|---|
| **drinken** | (to drink) |
| **wonen** | (to live) |
| **liggen** | (to lie) |

The stem is formed by taking away the **-en** infinitive ending, as in:

**drink-, woon-, lig-**

SPELLING NOTE: For verbs like **wonen** which require doubled vowels in closed syllables (for example in the stem **woon**) and verbs like **liggen** which require a double consonant in the infinitive and single consonant in the stem, remember to apply the spelling rules given in section 4.

Here is the present tense of **drinken** (to drink):

singular
| | |
|---|---|
| **ik drink** | I drink |
| **jij drinkt** | you drink |
| **u drinkt** | you drink (formal) |
| **hij drinkt** | he drinks |

**zij drinkt**    she drinks
**het drinkt**    it drinks

plural
**wij drinken**    we drink
**jullie drinken**    you drink
**u drinkt**    you drink (formal)
**zij drinken**    they drink

The first person singular consists of the stem with no ending. The second and third person singular add **-t** to the stem, and **-en** is added for all plural forms.

REMEMBER: When inversion (see week 1, section 7) occurs, the second person singular form drops its **-t** ending; this is the only form affected in this way:

**Jij woont in Amsterdam.** You live in Amsterdam.
*But:*
**Woon jij in Amsterdam?** Do you live in Amsterdam?

**Hij woont in Londen.** He lives in London
*But:*
**Woont hij in Londen?** Does he live in London?

When the stem of a verb ends in **-t**, a second **-t** is never added in the singular of the present tense:

| infinitive | stem | 3rd person singular |
|---|---|---|
| **zitten** (to sit) | **zit** | **hij zit** |
| **praten** (to talk) | **praat** | **hij praat** |

Verbs like **lezen** and **blijven** which have a **z** or a **v** before the infinitive ending, have **s** or **f** respectively in the stem and throughout the present tense singular, but not in the plural:

| infinitive | stem | 3rd person sing. | 3rd person plural |
|---|---|---|---|
| **lezen** (to read) | **lees** | **hij leest** | **zij lezen** |
| **blijven** (to stay) | **blijf** | **hij blijft** | **zij blijven** |

3

PRONUNCIATION NOTE: When the stem of a verb ends in **-d**, this is pronounced t (see week 2, section 13). For example:

**worden** (to become) = **word**- (pronounced 'wort'). The second and third person singular ending **-t** is added to the stem and the resulting **-dt** spells the sound t: **hij wordt** (pronounced 'wort').

In spoken Dutch, verbs whose stem ends in **-d** preceded by either **ij** (e.g. **rijden**) or **ou** (e.g. **houden**) drop the **-d** in the first person singular, and in the question form of the second person singular:

| infinitive | stem | 1st person sing. | 2nd person sing. |
|---|---|---|---|
| **rijden** (to drive) | **rijd** | **ik rij(d)** | **rij(d) jij?** |
| **houden** (to hold) | **houd** | **ik hou(d)** | **hou(d) jij?** |

The **-d** may be written, but it is not pronounced.

## IMITATED PRONUNCIATION (17)

drink-e*r*; voh-ner; li**HG**-e*r*; ick drink; yey *etc* drinkt; vey *etc* drink-e*r*; zit-te*r*; hey zit; prah-te*r*; hey praht; lay-ze*r*; hey layst; zey lay-ze*r*; bley-fe*r*; hey blayfft; zey bley-fe*r*; vor-de*r*; hey vort; rey-e*r*; ick rey; rey yey; how-e*r*; ick how; how yey.

**1 komen** to come
This verb has a change of vowel sound in the singular of the present tense. Although one would expect the stem to contain **oo**, it takes the form **kom**.

| singular | plural |
|---|---|
| **ik kom** | **wij komen** |
| **jij komt (kom jij?)** | **jullie komen** |
| **u komt (formal)** | **u komt (formal)** |
| **hij komt** | **zij komen** |

**2** There are five monosyllabic verbs whose infinitives end in **-n**:

| infinitive | stem |
|---|---|
| **gaan** (to go) | **ga** |
| **staan** (to stand) | **sta** |
| **slaan** (to hit) | **sla** |
| **doen** (to do) | **doe** |
| **zien** (to see) | **zie** |

They form their present tense regularly in the singular and just add **-n** in the plural. Remember to apply the spelling rules to **gaan**, **staan** and **slaan**.

For example:

| | |
|---|---|
| **ik ga** | **wij gaan** |
| **jij gaat (ga jij?)** | **jullie gaan** |
| **u gaat** | **u gaat** |
| **hij gaat** | **zij gaan** |

## IMITATED PRONUNCIATION (18)

koh-mer; ick kom; yey *etc* komt; kom yey; vey *etc* koh-mer; **HG**ahn; stahn; slahn; doon; zeen; ick **HG**ah; yey *etc* **HG**aht; **HG**ah yey; vey *etc* **HG**ahn.

**3**

As you have already seen in week 1, section 7, to ask a question in Dutch you simply switch around the subject and the verb. There is no equivalent to the English construction with 'do'. So **Drinkt u?** is the same as saying 'Do you drink?'

As you have also already learnt, in section 17, the Dutch present tense translates both the English 'he drinks' and 'he is drinking'. Similarly **drinkt u?** can mean 'do you drink?' or 'are you drinking?'

Questions are also introduced by **waar** (where), **wat** (what), **wie** (who), **hoe** (how), **waarom** (why), and **wanneer** (when). Inversion still occurs:

**Waar woont hij?**  Where does he live?
**Wat drink je?**  What are you drinking?
**Wie is die man?**  Who is that man?
**Hoe maakt u het?**  How do you do?
**Waarom doe je dat?**  Why are you doing that?
**Wanneer komt hij?**  When is he coming?

To ask 'where ... to?' Dutch adds **naartoe** to the end of a 'Where' question:

**Waar ga je naartoe?**  Where are you going (to)?

Similarly 'where ... from?' is rendered in Dutch by adding **vandaan** to a 'Where' question:

**Waar komt hij vandaan?**  Where does he come from?

**Welk** and **welke** introduce 'Which' questions. **Welk** is used in front of **het-**nouns and **welke** before **de-**nouns. For example:

**Welk huis bedoel je?** Which house do you mean?
**Welke jurk bedoel je?** Which dress do you mean?
**Welke huizen bedoel je?** Which houses do you mean?

## IMITATED PRONUNCIATION (19)

vahr; v*a*t; vee; hoo; vah-'rom; v*a*n-nayr; nahr-'too; f*a*n-
'dahn; welk; wel-ke*r*.

## VOCABULARY

**3**

| | | | |
|---|---|---|---|
| **achter** | behind | **naar** | to |
| **het bezoek** | visit | **naar huis** | home |
| **op bezoek** | on a visit | **nooit** | never |
| **het bier** | beer | **het** | restaurant |
| **denken** | think | **restau'rant** | |
| **echt** | real/really | **reuzegezellig** | great fun |
| **het feest** | party | **thuis** | at home |
| **gezellig** | pleasant | **uit** | from, |
| **het glas** | glass | | out of |
| **houden van** | like, love | **van'avond** | this evening |
| **het i'dee** | idea | **vinden** | find |
| **ja'wel** | oh yes, yes | **Hoe vind** | What do |
| | indeed | **je ...?** | you think |
| **kennen** | know, be | | of ...? |
| | acquainted | **voor** | for |
| | with | **vóór (stressed)** | in front of |
| **leuk** | nice | **de wijn** | wine |
| **maken** | make | **zo** | so |
| **na** | after | | |

## IMITATED PRONUNCIATION

*a***HG**-te*r*; ber-'zook; beer; den-ke*r*; e**HG**t; ffayst; **HG**er-'zel-
ler**HG**; **HG**las; how-e*r* f*a*n; ee-'day; yah-'vel; ken-ne*r*;
l**ER**k; mah-ke*r*; nah; nahr; nahr h**OW**ss; noy-eet; res-toh-
'rahn; 'r**ER**-zer-ger-'zel-ler**HG**; t**OW**ss; **OW**t; f*a*n-'ah-font;
fin-de*r*; hoo fint ye*r*; fohr; foohr; veyn; zoh.

## Exercise 13

Write down the first and third person singular of the following verbs:

1 liggen    2 wonen    3 praten    4 drinken
5 worden    6 zitten    7 rijden    8 komen
9 slaan    10 zien    11 houden    12 gaan

## Exercise 14

Translate the following sentences into English:

1 Wij wonen in Londen.
2 Waar woon jij?
3 Hij ligt in bed.
4 Drinken jullie veel bier?
5 Ik vind het feest erg gezellig.
6 Zij zitten in de tuin achter het huis.
7 Zij praat veel.
8 Wie woont in dat huis?
9 Wij houden van feesten.
10 Hoe vindt u de wijn in dit restaurant?

## Exercise 15

Translate the following sentences into English:

1 Waar gaan de studenten naartoe?
2 Zie je die kinderen daar?
3 Zij staan vóór het huis.
4 Ik kom uit Londen.
5 Waar komen jullie vandaan?
6 Wat doen we vanavond?
7 Gaat u altijd naar dat restaurant?
8 Zij ziet de buurvrouw in de bus.
9 Dag. Ik ga naar huis.
10 Deze jongen slaat de hond nooit.

## Exercise 16

Translate the following sentences into Dutch:

1 What are you (singular) doing after the party?
2 I am going home.
3 Where do they come from?
4 We live in that house.
5 Why are you (plural) sitting in the garden?
6 I am reading a book.
7 Do you (formal) know Amsterdam?
8 She is staying at home.
9 What do the children drink?
10 Who is standing over there?
11 The librarian loves parties.
12 You (singular) are talking a lot this evening.

## Drills

**1** Substitution drill

As before, substitute the word in the second column for the word in **bold** type in the first column and alter the verb where necessary. Remember to keep the next line covered in each case.

| | |
|---|---|
| **Hij** ligt in de tuin. | **jullie** |
| **Jullie** liggen in de tuin. | **ik** |
| **Ik** lig in de tuin. | **jij** |
| **Jij** ligt in de tuin. | **wij** |
| **Wij** liggen in de tuin. | **zij** (plural) |
| Zij **liggen** in de tuin. | **zitten** |
| **Zij** zitten in de tuin. | **jij** |
| **Jij** zit in de tuin. | **wij** |
| **Wij** zitten in de tuin. | **zij** (singular) |
| **Zij** zit in de tuin. | |

**2** Stimulus-response drill

S  Drinkt u altijd bier?
R  Ja, ik drink altijd bier.

S  Woont u hier in Amsterdam?
R  Ja, ik woon hier in Amsterdam.

S  Houdt u van feesten?
R  Ja, ik houd van feesten.

S  Praat u veel?
R  Ja, ik praat veel.

S  Ziet u de kinderen?
R  Ja, ik zie de kinderen.

S  Gaat u naar huis?
R  Ja, ik ga naar huis.

S  Vindt u de tuin mooi?
R  Ja, ik vind de tuin mooi.

S  Kent u de bibliothekaresse?
R  Ja, ik ken de bibliothekaresse.

## CONVERSATION

*Snel gedaan*

ANNEKE  **Dag Lies, hoe gaat het?**
LIES  **Heel goed, dank je. Ken je meneer de Groot?**
ANNEKE  **Ik denk het niet. Dag meneer de Groot. Anneke Smeets.**
TON  **Dag mevrouw Smeets. Hoe maakt u het?**
LIES  **Meneer de Groot woont niet hier in Amsterdam. Hij woont in Leiden.**
ANNEKE  **Wat leuk! Ik vind Leiden zo mooi. Hoe vindt u het feest?**
TON  **Reuzegezellig, hoor.**
LIES  **Wat drinken jullie?**
ANNEKE  **Ik een glas wijn.**

| | |
|---|---|
| TON | **En ik een bier, alstublieft.** |
| LIES | **Ik ben zo terug.** |
| TON | **Zeg Anneke, vind je Leiden echt zo leuk?** |
| ANNEKE | **Jazeker.** |
| TON | **Waarom kom je dan niet op bezoek?** |
| ANNEKE | **Goed idee, meneer de Groot.** |
| TON | **Mijn naam is Ton. Wanneer kom je?** |
| ANNEKE | **Vanavond na het feest? Gaan we?** |
| LIES | **Hier ben ik …** |
| TON AND ANNEKE | **Dag!** |

## TRANSLATION

*Quick work*

| | |
|---|---|
| ANNEKE | Hello Lies. How are things? |
| LIES | Fine, thanks. Do you know Mr de Groot? |
| ANNEKE | I don't think so. Hello, Mr de Groot. I'm Anneke Smeets. |
| TON | Hello, Ms Smeets. How do you do? |
| LIES | Mr de Groot doesn't live here in Amsterdam. He lives in Leiden. |
| ANNEKE | How nice. I think Leiden is so lovely. What do you think of the party? |
| TON | Oh, great fun. |
| LIES | What are you drinking? |
| ANNEKE | A glass of wine for me. |
| TON | And a beer for me, please. |
| LIES | I won't be long. |
| TON | Listen Anneke, do you really think Leiden is that nice? |
| ANNEKE | Yes, of course. |
| TON | Why don't you come for a visit, then? |
| ANNEKE | Good idea, Mr de Groot. |
| TON | My name is Ton. When are you coming? |
| ANNEKE | This evening after the party? Shall we go? |
| LIES | Here I am …. |
| TON AND ANNEKE | Bye! |

## Revision exercises 1

**Exercise 1**

Make the following sentences plural. For example:

De bibliothekaresse komt uit Utrecht.
De bibliothekaressen komen uit Utrecht.

1 Het meisje is aardig.
2 Woont de student in Rotterdam?
3 De jurk is te kort.
4 Heb je misschien hoofdpijn?
5 Dit is de jongen.
6 Een leeuw is een dier.
7 Het kind gaat naar huis.
8 Wie is die man?

**Exercise 2**

Fill in the gaps with an appropriate verb. Change the form of the verb if necessary. For example:

(drinken) Tante … wijn.
Tante drinkt wijn.

wonen, praten, lezen, drinken, bedoelen, houden, zien, gaan

1 Tante … in Den Haag.
2 Het kind … een boek.
3 … je die man daar?
4 Wanneer … we naar Amsterdam?
5 Jullie … te veel.
6 Welk huis … je?
7 De studenten … bier.
8 Ik … van feesten.

**Exercise 3**

Fill in *deze* or *dit*.

1 ... romans zijn saai.

2 Hoe vind je ... restaurant?

3 ... huis heeft een tuin.

4 Ik vind ... schrijver erg goed.

5 ... schoenen zijn veel te klein.

6 ... huizen zijn te duur.

7 Houd je van ... wijn?

8 ... jongen woont in Leiden.

9 ... meisje houdt van feesten.

10 ... meisjes en ... jongens zijn erg vriendelijk.

**Exercise 4**

Fill in *die* or *dat*.

1 Wie is ... man?

2 Ken je ... vrouw daar?

3 Ze woont in ... huis.

4 ... kind is erg moe.

5 Bent u de moeder van ... kinderen?

6 Ik vind ... stad erg mooi.

7 Zie je ... jurk in de etalage?

8 ... restaurant is veel te duur.

9 Heeft u ... boek?

10 ... boeken zijn te moeilijk.

### Exercise 5

Below is a list of answers. Formulate the question to go with them. For example:

Ik ga naar huis.
Waar ga je naartoe?

1 Ik kom uit Londen.
2 We gaan naar het feest.
3 Ja, ik houd van wijn.
4 Meneer de Vries woont in Leiden.
5 Ze komt vrijdag op bezoek.
6 Ja, hij vindt het restaurant gezellig.

### Exercise 6

Answer the following questions in the affirmative. E.g:

Leest u altijd romans?
Ja, ik lees altijd romans.

1 Drinkt u altijd bier?
2 Gaat u vanavond naar het restaurant?
3 Zit u de hele dag hier?
4 Praat u over de buren?
5 Woont u in dat huis?
6 Houdt u van lezen?
7 Heeft u hoofdpijn?
8 Bent u ziek?

### Exercise 7

Fill in the gaps.

'De kinderen zijn …. Ze … hoofdpijn en ook koorts.'
'… ze ook moe?'
'Ja, … zijn moe. Ze liggen … bed. De dokter …
vanavond.'
'Nou, goed zo. Ga je … het feest vanavond?'
'Nee, ik blijf ….'

# Week 4

*Topics covered include:*
- commands ('Come in!', 'Move on!', etc)
- word order in Dutch sentences
- negation
- uses of the definite article 'de'/'het'
- the object pronouns ('me', 'you', 'him', etc)
- reflexive pronouns ('myself', etc)
- reflexive verbs

## 20  COMMANDS

The form of the verb used to give an order is the stem.

For example:
**Drink!  Ga!  Blijf!**

This can be used for all second persons – **jij**, **jullie** and **u** – unless one wishes to be especially polite. In this case, the **u**-form of the verb is used with inversion.

For example:
**Komt u binnen!** Come in!
**Blijft u hier!** Stay here!

An impersonal command can be given by using the infinitive:

**Niet roken.** Do not smoke.
**Doorlopen.** Move on.

## 21  WORD ORDER

The words in a Dutch sentence are arranged differently from the words in an English sentence.

The main verb must always be the SECOND item in the sentence:

**Het meisje gaat vanavond met de trein naar huis.**
The girl is going home by train this evening.

Note that items can consist of more than one word. Where the verb is followed by an expression telling when (TIME: item 3), an expression telling how (MANNER: item 4) and an expression telling where (PLACE: item 5) the action takes place, the items always occur in this order. So, of the three – time, manner, and place – 'time' is always first and 'place' last.

It is possible to start a sentence with items other than the subject, for example, an expression of time:

**Vanavond gaat het meisje met de trein naar huis.**

Notice that **het meisje**, the subject of the sentence, is now item 3 because the verb must remain second; but time **(vanavond)**, manner **(met de trein)**, and place **(naar huis)** remain in the 'time, manner, place' order.

## 22 NEGATION: 'NEE', 'NIET', 'GEEN'

The Dutch for 'no' is **nee**, and 'not' is **niet**.

**Nee, ik drink niet.**
No, I don't drink.

Note that **nee** is tagged on to the front of the sentence and does not affect word order.

The position of **niet** varies. It often comes at the end of the sentence:

**Ik zie de man niet.**
I can't see the man.

**Zij komt vanavond niet.**
She is not coming this evening.

But **niet** always precedes:

**1** a preposition, as in:

**Hij woont niet in Amsterdam.**
He doesn't live in Amsterdam.

**2** an adjective which follows the noun:

**Het huis is niet groot.**
The house is not large.

**3** **binnen** (inside), **buiten** (outside), **beneden** (downstairs), **boven** (upstairs), and **thuis** (at home).

For example:
**De kinderen spelen niet boven.**
The children are not playing upstairs.

Another word used for negation is **geen**, which replaces an indefinite article. So:

**Ik heb een pen.** I have a pen.
*is negated thus:*
**Ik heb geen pen.** I don't have a pen.

Things which cannot be counted like **water, bier, wijn** are also negated using **geen**. So:

**Ik drink wijn.** I drink wine.
*becomes:*
**Ik drink geen wijn.** I don't drink wine.

## IMITATED PRONUNCIATION (22)

nay; neet; bin-ne*r*; b**OW**-te*r*; be*r*-'nay-de*r*; boh-ve*r*; t**OW**ss; **HG**ayn.

As a general rule, the definite article **de** or **het** is used more frequently in Dutch than in English. It is often used before abstract nouns where this is not the case in English.

For example:
**De klassieke literatuur.**
Classical literature.
**Hij is hoogleraar in de geschiedenis.**
He is a professor of history.
**De liefde is blind.**
Love is blind.
**Het leven is moeilijk.**
Life is hard.

It is always used before the names of the seasons:

**Ik houd meer van de zomer dan van de winter.**
I like summer more than winter.
**In de herfst** *or* **In het najaar.**
In autumn.
**In de lente** *or* **In het voorjaar.**
In spring.

It is always used before street names:

**Ik woon in de Julianastraat.**
I live in Juliana Street.
**De tram stopt op het Rembrandtsplein.**
The tram stops in Rembrandt Square.

It is not possible to predict when the definite article will be used, but students should listen out for Dutch idioms containing **de** or **het** where English has no article. A few are given below:

| | |
|---|---|
| **in het Nederlands** | in Dutch |
| **in de stad** | in town |
| **in het zwart** | in black |

| | |
|---|---|
| **met de auto** | by car |
| **met de tijd** | in time, with time |

There are some common idioms which do not contain a definite article in Dutch, but which do in English. A few are listed below to give you some idea of what to look out for:

| | |
|---|---|
| **op tafel** | on the table |
| **in zee** | in the sea |
| **op kantoor** | at the office |
| **in bad** | in the bath |
| **op straat** | in the street |

## IMITATED PRONUNCIATION (23)

kl*a*s-'seek-e*r*; lit-er-ah-'t**EE**r; hoh**HG**-'lay-rahr; **HG**e*r*-'s**HG**ee-de*r*-niss; leeff-de*r*; blint; lay-fe*r*; moo'ee-le*r*k; zoh-mer; hehrfst; nah-yahr; len-te*r*; fohr-yahr; zw*a*rt; ow-toh; teyt.

## VOCABULARY

| | |
|---|---|
| **anders** | otherwise |
| **het bad** | bath |
| **beloven** | promise |
| **het Engels** | English |
| **eten** | eat |
| **de fiets** | bicycle |
| **gevaarlijk** | dangerous |
| **het kan'toor** | office |
| **laten** | let, leave |
| **de mens** | person (also: mankind) |
| **met** | with, by |
| **morgen** | tomorrow |
| **het Nederlands** | Dutch |
| **op** | on, in |
| **de poes** | cat |
| **poesje** | pussy |
| **de rust** | rest, peace |

| | |
|---|---|
| **spelen** | play |
| **het strand** | beach |
| **stoppen** | stop |
| **stu'deren** | study |
| **van'daag** | today |
| **het vlees** | meat |
| **wees!** | be! (irregular imperative of **zijn**) |
| **weten** | know (a fact) |
| **de zee** | sea |
| **zeuren** | whine, go on |
| **zoet** | sweet, good |
| **zwemmen** | swim |

## IMITATED PRONUNCIATION

*a*n-derss; b*a*t; ber-'loh-ver; eng-e*r*ls; ay-te*r*; ffeets;
**HG**e*r*-'fahr-le*r*k; k*a*n-'tohr; lah-te*r*; menss; met;
mor-**HG**e*r*; nay-der-l*a*nts; op; pooss; pooss-ye*r*; re*r*st;
spay-ler; str*a*nt; stop-per; st**EE**-'day-rer; f*a*n-'da**HG**;
flayss; vayss; vay-te*r*; zay; z**ER**e*r*; zoot; zvem-me*r*.

Note that **niet waar** is tagged on to the end of a
statement to turn it into a question. It is the equivalent of
the English tag 'doesn't he?' etc:

**Hij woont daar, niet waar?**
He lives there, doesn't he?
**Zij komt morgen, niet waar?**
She's coming tomorrow, isn't she?

The word **graag** can be used with any verb to mean 'like':

**Ik zwem graag.**
I like swimming.
**Ik speel graag.**
I like playing.

## Exercise 17

Translate the following sentences into English:

1 Lees dat boek.
2 Maar ik houd niet van romans.
3 Die mensen hebben geen auto.
4 Zij komt niet met de fiets: zij komt met de tram.
5 Jullie eten geen vlees, niet waar?
6 Weet u dat echt niet?
7 De kinderen spelen niet op straat.
8 Morgen gaan wij met de trein naar het strand.
9 Deze bus stopt niet in de Beatrixstraat.
10 In de zomer zit ik graag in de tuin.

## Exercise 18

Rearrange the following sentences to start with the subject:

1 Morgen gaan wij naar huis.
2 In de winter zwem ik niet in zee.
3 Vandaag komt de Engelsman op bezoek.
4 Hier zit ze altijd.
5 Daar wonen zij, niet waar?
6 In de zomer spelen de jongens graag buiten.
7 Nee, vanavond blijf ik niet thuis.
8 Dat weet ik niet.
9 Op het Koningsplein stopt de tram niet.
10 Aardig is die man niet.

## Exercise 19

Translate the following sentences into Dutch:

1 Do that.
2 Don't do that.
3 Stay here.
4 He is at the office.
5 We are going to Amsterdam by train.
6 She is reading that book in Dutch.
7 They aren't coming to the party this evening.
8 He is a professor of history, isn't he?
9 No, I am not a professor of history.
10 Don't you (plural) drink wine?
11 That bus doesn't stop here.
12 I like lying in the bath.
13 The cat is not upstairs.
14 Haven't they got a garden?
15 Don't play in the street: it's too dangerous.

## Drills

**1** Stimulus-response drill

S  Heeft u een auto?
R  Nee, ik heb geen auto.

S  Heeft u een poes?
R  Nee, ik heb geen poes.

S  Heeft u kinderen?
R  Nee, ik heb geen kinderen.

S  Heeft u een fiets?
R  Nee, ik heb geen fiets.

S  Eet u vlees?
R  Nee, ik eet geen vlees.

S  Drinkt u bier?
R  Nee, ik drink geen bier.

S  Heeft u buren?
R  Nee, ik heb geen buren.

**2** Stimulus-response drill

S  Gaat u met de trein?
R  Nee, ik ga niet met de trein.

S  Woont u in Amsterdam?
R  Nee, ik woon niet in Amsterdam.

S  Speelt hij met de poes?
R  Nee, hij speelt niet met de poes.

S  Blijft zij morgen thuis?
R  Nee, zij blijft morgen niet thuis.

S  Is deze roman goed?
R  Nee, deze roman is niet goed.

S  Gaan wij morgert met de auto?
R  Nee, wij gaan morgen niet met de auto.

S  Is de buurman aardig?
R  Nee, de buurman is niet aardig.

## CONVERSATION

*De kleine tiran / The little tyrant*

| | |
|---|---|
| NICOLAAS | **Mamma, waar is pappa?** |
| MAMMA | **Op kantoor, natuurlijk. Ga maar even naar buiten. Speel met poesje in de tuin.** |
| NICOLAAS | **Maar waarom niet op straat? Met de jongens.** |
| MAMMA | **Dat is veel te gevaarlijk. Dat weet je.** |
| NICOLAAS | **Gaat pappa met de auto?** |
| MAMMA | **Nee, hij gaat niet met de auto, hij gaat altijd op de fiets. Dat weet je toch?** |
| NICOLAAS | **Gaan wij met de auto, mam?** |
| MAMMA | **Waarnaartoe?** |
| NICOLAAS | **Naar het strand?** |
| MAMMA | **Maar ik heb geen tijd, jongen. Morgen misschien.** |
| NICOLAAS | **Rijden we morgen met de auto naar het strand? Beloof je dat?** |
| MAMMA | **Ja. Ik beloof het. Wees vandaag dan maar zoet, anders gaan we niet. Afgesproken?** |
| NICOLAAS | **Mamma, ik speel graag in de tuin, maar ik ga niet graag in bad en morgen zwem ik in zee, dus ….** |
| MAMMA | **Vanavond geen bad. Laat me nu maar met rust – en niet zeuren!** |
| NICOLAAS | **Kom maar, poesje!** |

## TRANSLATION

| | |
|---|---|
| NICOLAAS | Mummy, where is daddy? |
| MOTHER | At the office, of course. Run along outside. Play with pussy in the garden. |
| NICOLAAS | But why not in the street, with the boys? |
| MOTHER | That's much too dangerous. You know that. |
| NICOLAAS | Does daddy go by car? |
| MOTHER | No, he doesn't go by car, he always goes by bike. You know that. |
| NICOLAAS | Are we going by car, mum? |

| | | |
|---|---|---|
| MOTHER | Where to? | |
| NICOLAAS | To the seaside? | |
| MOTHER | But I haven't any time, dear. Tomorrow perhaps. | |
| NICOLAAS | Are we driving to the beach tomorrow by car? Do you promise? | |
| MOTHER | Yes. I promise. But just you be good today, otherwise we won't go. Agreed? | |
| NICOLAAS | Mummy, I like playing in the garden, but I don't like going in the bath and tomorrow I'll be swimming in the sea, so …. | |
| MOTHER | No bath tonight. Just leave me in peace now, and don't go on. | |
| NICOLAAS | Come on, puss! | |

## 24 OBJECT PRONOUNS: ME, YOU, HIM, ETC

In section 5 the subject pronouns (I, you, he, she, etc) were introduced in both their stressed and unstressed forms. The table below shows the stressed object pronouns followed by their unstressed forms. Brackets indicate a form that is spoken but not written.

| singular | stressed | unstressed | |
|---|---|---|---|
| *1st person* | **mij** | **me** | me |
| *2nd person* | **jou** | **je** | you |
| *2nd person (formal)* | **u** | | you |
| *3rd person* | **hem** | **('m)** | him |
| | **haar** | **(d'r)** | her |
| | **het** | **('t)** | it |

| plural | stressed | unstressed | |
|---|---|---|---|
| *1st person* | **ons** | | us |
| *2nd person* | **jullie** | **(je)** | you |
| *2nd person (formal)* | **u** | | you |
| *3rd person* | **hun** *or* **hen** | **(ze)** | them |

The unstressed forms are always used in speech unless emphasis is needed. The third person plural pronoun ('them') has two stressed forms for referring to people only. In writing, **hen** is used for direct objects and preposition objects, and **hun** for indirect objects (see below). The unstressed **ze** is the *only* possible pronoun for referring to things.

An important difference between Dutch and English is that **hij** and **hem** (and occasionally **zij** and **haar**) refer to things as well as people. This is because **het** is only used to refer to neuter nouns. So **het boek** is referred to thus:

**De jongen leest het.** The boy is reading it.

But **hij** and **hem** are used to refer to common nouns. So **de pen** is referred to thus:

**De jongen heeft hem.** The boy's got it.

And **de pennen** (plural) thus:

**De jongen heeft ze.** The boy's got them.

## IMITATED PRONUNCIATION (24)

mey; me*r*; yow; ye*r*; **EE**; hemm; 'e*r*m; hahr; d'r; het; e*r*t; onss; yerl-l**EE**; ye*r*; hern; hen; ze*r*.

**24A** DIRECT AND INDIRECT OBJECT PRONOUNS

The subject of a sentence performs the action denoted by the verb and the direct object has that action performed on it. In the sentence:

**De jongen ziet de buren.**
The boy sees the neighbours.

'the boy' is the subject, 'the neighbours' are the direct object. If pronouns are substituted for the nouns, the following sentence is produced:

**Hij ziet hen.** He sees them.

In the case of the third person plural object pronoun, it is necessary to identify the indirect object. In the sentence:

**De jongen geeft de buren een taart.**
The boy gives the neighbours a cake.

what the boy gives is the direct object, the cake. He gives it to the neighbours who are therefore the indirect object. This time when pronouns are substituted, **hun** is required:

**Hij geeft hun een taart.**
He gives them a cake.

## 24B THE PREPOSITION OBJECT

The following are examples of Dutch prepositions you have already encountered: **met, naar, voor, achter, in.**

When referring to people after a preposition, the object form of the pronoun is used. It becomes the preposition object:

**Wij doen het voor haar.**  We are doing it for her.
**Zij komt met hen.**  She's coming with them.
**Geef het aan mij.**  Give it to me.

The personal pronoun is *not* used in Dutch if the preposition object is a thing. Instead **er** is attached to the front of the preposition. So to refer to **het huis**, for example, Dutch says:

**Zij staan ervoor.**  They are standing in front of it.

Similarly, referring to **de bal**, Dutch says:

**Hij speelt ermee.**  He is playing with it.

Note that **met** changes to **mee** in this construction.

## 25 REFLEXIVE PRONOUNS: MYSELF, ETC

singular

| | | |
|---|---|---|
| *1st person* | **me** | myself |
| *2nd person* | **je** | yourself |
| *2nd person (formal)* | **zich/u** | yourself |
| *3rd person* | **zich** | himself, herself, itself |

plural

| | | |
|---|---|---|
| *1st person* | **ons** | ourselves |
| *2nd person* | **je** | yourselves |
| *2nd person (formal)* | **zich/u** | yourselves |
| *3rd person* | **zich** | themselves |

The reflexive pronoun is used when the preposition object is the same as the subject of the sentence. In this case the -self is omitted in the English translation:

**Heeft hij geld bij zich?**
Has he got any money on him?
**Heb je een pen bij je?**
Have you got a pen with you?

### IMITATED PRONUNCIATION (25)

me*r*; ye*r*; zi**HG**; **EE**; onss.

## 26 REFLEXIVE VERBS

In Dutch, when the action of a verb is being performed on the subject, an object must be supplied in the form of a reflexive pronoun. In English, verbs of this type do not usually need an object (e.g. 'she is washing') but, in Dutch, with such a verb **zich** is required:

**Zij wast zich.**

In Dutch, **-zelf** may be added to the reflexive pronoun for emphasis. Thus:

**Zij wast zichzelf.**

Note that the polite form normally uses **zich**; for example:

**U vergist zich.**
You are mistaken.

Except when a command is given; for example:

**Haast u!**
Hurry up!

There are several verbs like **zich wassen** which always have a reflexive pronoun as object if no other object is present. There are also a few (indicated below by an asterisk*) which have both a reflexive pronoun and an object.

Some useful reflexive verbs are:

| | |
|---|---|
| **zich amu'seren** | amuse oneself, enjoy oneself |
| **zich gedragen** | behave |
| **zich haasten** | hurry |
| **zich herinneren*** | remember |
| **zich verbazen** | be amazed |
| **zich verbeelden*** | imagine |
| **zich vergissen** | be mistaken, be wrong |
| **zich vervelen** | be bored |
| **zich voelen** | feel |

## IMITATED PRONUNCIATION (26)

zi**HG** ... *a*m-m**EE**-'say-re*r*; **HG**er-'drah-**HG**er; hahss-te*r*; heh-'rin-e*r*-re*r*; fer-'bah-ze*r*; fer-'bayl-de*r*; fer-'**HG**is-se*r*; fer-'fay-le*r*; foo-le*r*.

## VOCABULARY

| | |
|---|---|
| aan | to, at |
| afrekenen | pay the bill |
| de appeltaart | apple cake |
| het ca'deau | present |
| het ca'deautje | small present |
| druk | busy |
| ik heb het druk | I am busy |
| eigenlijk | actually |
| fris | fresh, refreshing |
| geven | give |
| de koffie | coffee |
| kopen | buy |
| het kopje | cup |
| krijgen | receive, get |
| lekker | nice, tasty |
| me'teen | immediately |
| het mobieltje | mobile (phone) |
| de middag | afternoon, midday |
| nemen | take |
| niets | nothing |
| nog een | another |
| de ober | waiter |
| ook nog | as well |
| ontzettend | awful, awfully |
| smaken | taste |
| het stuk | piece |
| het ter'rasje | terrace |
| de thee | tea |
| van | of, from |
| de zon | sun |

## IMITATED PRONUNCIATION

'af-ray-ker-ner; ap-perl-tahrt; kah-'doh; kah-'doht-yer;
drerk; ey-**HG**er-lerk; ffriss; **HG**ay-fer; koff-ee; koh-per;
kop-yer; krey-**HG**er; leck-ker; met-'ayn; moh-bee-ltyer;
mid-da**HG**; nay-mer; neets; no**HG** ayn; oh-ber; ohk
no**HG**; ont-'zet-tent; smah-ker; stehrk; teh-'rass-yer;
tay; fan; zon.

## Exercise 20

Translate the following sentences into English:

1 Zij zien ons altijd in het café.
2 Geef mij een kopje thee.
3 Hier is de brief. Zij krijgt hem morgen.
4 Wij doen het voor jou.
5 Hij geeft het cadeau aan haar.
6 Daar zijn de buurkinderen. De poes speelt graag met hen.
7 De boeken liggen op tafel. Zie je ze?
8 Ligt de tuin achter het huis? Nee, hij ligt ervoor.
9 Wat doe je met die fiets? Ik rijd ermee naar de stad.
10 Wat doet het meisje met de pen? Zij schrijft ermee.

## Exercise 21

Translate the following into English:

1 Zij heeft de kinderen bij zich.
2 Zij hebben veel geld bij zich.
3 Heeft u een mobieltje biju?
4 Wij hebben geen foto's bij ons.
5 Voel je je moe?
6 Hij verveelt zich op kantoor.
7 Jullie amuseren je op het feest, niet waar?
8 Wij haasten ons niet.
9 Houdt ze niet van appeltaart? Dat verbaast me.
10 Was je meteen!

## Exercise 22

Translate the following sentences into Dutch:

1 We always see you (plural) in the bus.
2 That apple cake is tasty. Where do you (singular) buy it?
3 How do you (formal) feel?
4 The children are giving us a present.
5 Give that cup of coffee to me.
6 There is the car – do you (singular) see it?
7 We are eating with them.
8 I give you (singular) the pen and you write with it.
9 There is the librarian. Do you (plural) know her?
10 The children are behaving well.
11 You (formal) like novels, don't you? Do you always read them?
12 Have you (plural) any money with you?
13 She is having a wash upstairs.
14 We are enjoying ourselves here on the terrace in front of the café.
15 I remember that man.

## Drills

**1** Substitution drill

Substitute the word in the second column for the word in bold type in the first. Remember to make any other necessary changes, and to cover the line below.

| | |
|---|---|
| **Ik** verveel me | **zij** (singular) |
| **Zij** verveelt zich | **wij** |
| **Wij** vervelen ons | **jullie** |
| **Jullie** vervelen je | **jij** |
| **Jij** verveelt je | **zij** (plural) |
| **Zij** vervelen zich | **hij** |
| **Hij** verveelt zich | **u** |
| **U** verveelt zich | |

**2** Stimulus-response drill

S  Dit is het buurmeisje.
R  Ken je haar?

S  Dit is de buurman.
R  Ken je hem?

S  Dit is de leraar.
R  Ken je hem?

S  Dit zijn de buren?
R  Ken je ze?

S  Dit is de schrijfster.
R  Ken je haar?

S  Dit zijn de leraren.
R  Ken je ze?

S  Dit is de student.
R  Ken je hem?


**3** Stimulus-response drill

S  Waar is het boek?
R  Ik heb het.

S  Waar zijn de kopjes?
R  Ik heb ze.

S  Waar is de paraplu?
R  Ik heb hem.

S  Waar is het geld?
R  Ik heb het.

S  Waar is dat glas?
R  Ik heb het.

S  Waar is die brief?
R  Ik heb hem.

*De klaploper*

| | |
|---|---|
| MARIE | **Wat neem je?** |
| MAARTEN | **Een thee en een stukje appeltaart, graag.** |
| MARIE | **Ober, één thee en één koffie en twee stukken appeltaart, alstublieft. Zo, Maarten, gefeliciteerd met je verjaardag.** |
| MAARTEN | **Dank je wel. En bedankt ook nog voor het cadeautje. Erg aardig van je.** |
| MARIE | **Niets te danken, hoor. Ik geef graag cadeaus.** |
| MAARTEN | **En ik krijg ze graag! Dit is ook een goed idee van jou. Ik voel me zo lekker hier op het terrasje in de zon.** |
| MARIE | **Hier is de ober. Dank u wel .... Smaakt het? Ja, ik zie het. Nog een stuk?** |
| MAARTEN | **Ja, graag. Ik vond het erg lekker.** |
| MARIE | **Ober, nog een stuk taart voor meneer.** |
| MAARTEN | **Met slagroom.** |
| MARIE | **Met slagroom, dus .... Voor mij? .... Niets, dank u. Ik eet nooit veel bij de thee. En nog een kopje thee voor meneer.** |
| MAARTEN | **Met citroen deze keer. Het smaakt lekker fris zo.** |
| MARIE | **Dat is alles. Amuseer je je?** |
| MAARTEN | **Ik vind dit café zo gezellig – ik blijf de hele middag hier.** |
| MARIE | **O ja? Ik heb het eigenlijk erg druk. Wat jammer! Ober, ik reken meteen af.** |

## The freeloader

| | |
|---|---|
| MARIE | What are you having? |
| MAARTEN | A tea and a small piece of apple cake, please. |
| MARIE | Waiter. One tea and one coffee, and two pieces of apple cake, please. Well, Maarten, happy birthday. |
| MAARTEN | Thank you. And thanks for the present as well. It's very nice of you. |
| MARIE | Not at all. I like giving presents. |
| MAARTEN | And I like getting them! This is a good idea of yours too. I love it here on the terrace in the sun. |
| MARIE | Here's the waiter. Thank you .... Is it nice? I can see it is. Another piece? |
| MAARTEN | Yes please. It was very tasty. |
| MARIE | Waiter, another piece of cake for the gentleman. |
| MAARTEN | With whipped cream. |
| MARIE | With whipped cream, then .... For me? ... Nothing, thank you. I never eat much at tea-time. And another cup of tea for the gentleman. |
| MAARTEN | With lemon this time. It's nice and refreshing like that. |
| MARIE | That's all. Are you enjoying yourself? |
| MAARTEN | I think this café's great – I'm going to stay here all afternoon. |
| MARIE | Really? Actually, I'm very busy. Such a pity. Waiter, I'll pay right away. |

4

# Week 5

*Here you'll learn about:*
- possessive adjectives (my, your, his, etc)
- ways of expressing possession
- three verbs used to indicate position ('staan', 'liggen', 'zitten')
- the use and formation of the perfect tense
- the past participle of weak verbs

## 27 POSSESSIVE ADJECTIVES (MY, YOUR, HIS, ETC)

| singular | stressed | unstressed | |
|---|---|---|---|
| *1st person* | **mijn** | **(m'n)** | my |
| *2nd person* | **jouw** | **je** | your |
| *2nd person (formal)* | **uw** | | your |
| *3rd person* | **zijn** | **(z'n)** | his/its |
| | **haar** | **(d'r)** | her |

| plural | stressed | unstressed | |
|---|---|---|---|
| *1st person* | **ons/onze** | | our |
| *2nd person* | **jullie** | **je** | your |
| *2nd person (formal)* | **uw** | | your |
| *3rd person* | **hun** | **(d'r)** | their |

Dutch, like English, uses a possessive adjective in front of a noun.

**Dit is mijn paraplu.**  This is my umbrella.
**Dat is jullie auto.**  That is your car.

The first person plural pronoun ('our') has two stressed forms. **Ons** is used before neuter singular nouns:

**Dat is ons huis.**  That is our house.

**Onze** is used before plural neuter nouns and common nouns:

**Dit zijn onze boeken.**  These are our books.
**Dit is onze poes.**  This is our cat.
**Dit zijn onze poezen.**  These are our cats.

PRONUNCIATION NOTE: **uw** is pronounced like **u** followed by the Dutch sound spelt **oe** as in **boek**.

## 28 EXPRESSING POSSESSION ('JOHN'S BOOK')

Dutch has several ways of expressing the English 'apostrophe s', as used, for instance, in 'John's book'.

The most common method uses the preposition **van**:

**Het boek van Jan.** John's book.
**Het kind van de buren.** The neighbours' child.
**De auto van mijn zus.** My sister's car.

But **-s** may be added to proper names and to members of the family:

**Jans boek.** John's book.
**Moeders boek.** Mother's book.

The student will also hear the more colloquial – not usually written – construction:

**Jan z'n boek.** John's book.
**Mijn zus d'r auto.** My sister's car.

If in doubt, use the **van** construction.

## 28A POSSESSIVE PRONOUNS (MINE, YOURS, ETC)

Dutch has two ways of expressing the English possessive pronouns 'mine', 'yours', etc.

The more common and more informal method uses **die/dat + van +** object pronoun.

**Die** is used to refer to common nouns and plural neuter nouns:

**Heeft u een pen? Die van mij ligt thuis.**
Do you have a pen? Mine's at home.

**Dat** is used to refer to neuter singular nouns:

**Mijn huis is klein: dat van hem is erg groot.**
My house is small: his is very large.

**Die** and **dat** are omitted when the noun is present:

**Die pen is van mij.** That pen is mine.

Note that the English 'of mine' etc is translated into Dutch by **van** + object pronoun:

**Vrienden van ons.** Friends of ours.

The second, more formal way uses the appropriate definite article followed by a possessive pronoun which has the ending **-e** (always pronounced weak – see week 1, section 3D).

**De** is used to refer to common nouns and plural neuter nouns:

**Heeft u een pen? De mijne ligt thuis.**
Do you have a pen? Mine is at home.

**Het** is used to refer to neuter singular nouns:

**Mijn huis is klein: het zijne is erg groot.**
My house is small: his is very large.

This construction is not possible with the second person plural possessive pronoun **jullie**.

## 29 | USEFUL VERBS: STAAN, LIGGEN, ZITTEN

These verbs are often used in Dutch where English simply says 'is', to indicate the position of an object.

When an object is in an upright position **staan** is used. For example:

**De auto staat voor het huis.**
The car is in front of the house.
**Het boek staat in de boekenkast.**
The book is in the bookcase.

When an object is lying down **liggen** is used:

**De krant ligt op tafel.** The newspaper is on the table.
**De pen ligt op de grond.** The pen is on the floor.

When an object is inside something **zitten** is used:

**De pen zit in de tas.** The pen is in the bag.

It is important that the student bear in mind that there is not one translation of the English verb 'to be' in Dutch, but four possible translations: **zijn, staan, liggen,** and **zitten**.

### VOCABULARY

| | |
|---|---|
| **al** | already |
| **de broer** | brother |
| **de dochter** | daughter |
| **dragen** | carry |
| **geloven** | believe, think |
| **haast hebben** | be in a hurry |
| **de ingang** | entrance |
| **de kaart** | ticket |
| **klaar** | ready |
| **de koffer** | suitcase |
| **de krant** | newspaper |
| **het kwar'tier** | quarter, quarter of an hour |

5

| | |
|---|---|
| het lo'ket | ticket office, ticket window |
| de man | man, husband |
| nodig hebben | need |
| over | over, above, in |
| het pakje | packet, package |
| het perron | platform |
| het re'tourtje | return ticket |
| de siga'ret | cigarette |
| het spoor | track |
| spoor vijf | platform five |
| de tas | bag |
| vaak | often |
| vergeten | forget |
| vertrekken | depart |
| volgens | according to |
| de vriend | friend, boyfriend |
| de vrouw | woman, wife |
| de wc | lavatory, loo, etc |
| zoeken | look for |
| de zoon | son |
| zwaar | heavy |

## Exercise 23

Translate the following sentences into English, and then substitute the formal independent possessive (**het mijne** etc) for the construction with **van**:

1 Deze auto is van ons.

2 Deze boeken zijn van hen.

3 Dit stuk taart is van haar.

4 Die fietsen zijn van ons.

5 Dit kopje thee is van jou.

6 Deze krant is van mij.

7 Die paraplu is van u.

8 Dat geld is van hem.

## Exercise 24

Translate the following sentences into English:

1 Kent u mijn man?
2 Zijn vrouw is erg aardig.
3 Uw krant ligt op tafel.
4 Heb jij je mobieltje bij je?
5 Haar schoenen liggen op de grond.
6 Onze koffers staan daar op het perron.
7 Ik vind hun tuin erg mooi.
8 Waar staat jullie auto?

## Exercise 25

Translate the following into English:

1 Ik ben met mijn moeders auto vanavond.
2 Haar broers vriendin komt uit Utrecht.
3 De poes van de buren speelt in onze tuin.
4 Hij heeft de fiets van zijn zus.
5 Zij hebben geld nodig.
6 Heeft u een pen nodig? Neemt u die van mij.
7 Dat boek van jou ligt op de stoel.
8 Ik zoek een tas. Waar is die van jullie?

## Exercise 26

Translate the following sentences into Dutch:

1 Here are your (singular) packages.
2 My case is over there.
3 Do you (plural) know their daughter?
4 Are those children hers?
5 Our house is much too big for us.
6 We've got your (formal) train tickets. Who has ours?
7 His wife is very kind. Do you (singular) know her?

## Drills

**1** Stimulus-response drill

S  Is dit boek van jou?
R  Ja, het is mijn boek.

S  Is deze pen van mij?
R  Ja, het is jouw pen.

S  Is deze paraplu van hen?
R  Ja, het is hun paraplu.

S  Zijn deze koffers van ons?
R  Ja, het zijn jullie koffers.

S  Is deze tas van haar?
R  Ja, het is haar tas.

S  Zijn deze kranten van hem?
R  Ja, het zijn zijn kranten.

S  Is dit pakje sigaretten van ons?
R  Ja, het is jullie pakje sigaretten.

**2** Stimulus-response drill

S  Ik heb een pen nodig.
R  Neem die van mij.

S  Ik heb geld nodig.
R  Neem dat van mij.

S  Wij hebben een paraplu nodig.
R  Neem die van mij.

S  Wij hebben kaarten nodig.
R  Neem die van mij.

S  Ik heb een glas nodig.
R  Neem dat van mij.

S  Wij hebben twee koffers nodig.
R  Neem die van mij.

S  Ik heb een tas nodig.
R  Neem die van mij.

## CONVERSATION

*Te laat!*

[mevr Schoenmaker = mevr S, meneer Schoenmaker = meneer S]

MEVR S    **Ik heb de treinkaarten. Twee retourtjes naar den Haag. Volgens de man achter het loket vertrekt de trein over een kwartier van spoor vijf.**

MENEER S    **Goed zo. Ik ga even naar de wc. Weet jij waar die is?**

MEVR S    **Ja. Daar bij de ingang. Ik blijf hier bij de koffers.**

MENEER S    **Ik ben zo terug ....**

MEVR S    **Klaar?**

MENEER S    **Ik koop eerst even een krant.**

MEVR S    **Waarom lees je die van mij niet? Ik heb ook een boek bij me.**

MENEER S    **Ja, goed. Maar ik heb een pakje sigaretten nodig.**

MEVR S    **Heb je nu alles? Gaan we naar het perron?**

MENEER S    **Is deze koffer van mij of van jou? Hij is erg zwaar.**

MEVR S    **Die is van jou, geloof ik. Neem jij hem maar en schiet op! We hebben haast.**

MENEER S    **Vergeet je tas niet! O, wat is deze zwaar.**

MEVR S    **Daar heb je spoor vijf en daar staat onze trein. Waarom haast je je niet?**

MENEER S    **Draag jij dan deze koffer. Ik stop even.**

MEVR S    **Geef hem aan mij en neem de mijne.**

MENEER S    **Ik zie de trein niet. Hij is er toch nog niet.**

MEVR S    **Hij is al weg! Idioot!**

5

*Too late!*

MRS S    I've got the train tickets. Two returns to The Hague. According to the man behind the ticket window, the train leaves in a quarter of an hour from platform 5.

MR S    Right. I'm just going to the loo. Do you know where it is?

MRS S    Yes. Over there by the entrance. I'm staying here with the cases.

MR S    I won't be a minute …

MRS S    Ready?

MR S    I'm just going to buy a newspaper first.

MRS S    Why don't you read mine? I've got a book with me too.

MR S    All right. But I need a packet of cigarettes …

MRS S    Have you got everything now? Shall we go to the platform?

MER S    Is this case mine or yours? It's very heavy.

MRS S    It's yours, I think. You take it, and get a move on. We're in a hurry.

MR S    Don't forget your bag! Oh, this one's so heavy.

MRS S    There's platform 5 and there's our train. Why don't you hurry?

MR S    You carry this case, then. I'm stopping for a minute.

MRS S    Give it to me and take mine.

MR S    I can't see the train. It isn't there yet after all.

MRS S    It's gone, you idiot!

## 30 | PERFECT TENSE ('I HAVE TAKEN', 'I TOOK')

This tense of the verb is used when speaking of events which happened in the past. It is the most frequently used past tense in Dutch and translates both the English perfect tense and simple past tense. So: **Ik heb een foto gemaakt** can be translated as 'I have taken a photograph' and 'I took a photograph'.

The perfect tense consists of an auxiliary verb – either **hebben** or **zijn** – and a past participle. For example:

**Ik heb gemaakt.** I have made.

The auxiliary verb is in the present tense and its form depends on the subject of the sentence (see sections 6 and 8). If the subject is **hij**, for example, then **heeft** is required. However, the past participle never changes.

For example:
**Hij heeft gemaakt.** He has made.

The auxiliary verb is always the second item in the sentence (see section 21) and the past participle comes last.

For example:
**Wij hebben gisteren veel foto's gemaakt.**
We took a lot of photographs yesterday.

There is more about auxiliary verbs in section 33.

Dutch verbs are divided into three groups according to how they form their past tenses. The first group is described as 'weak', the second as 'strong', and the verbs in the third group are 'irregular', or a mixture of weak and strong.

The past participle of most weak verbs consists of:

**ge + stem + t**    as in **gemaakt** *or*
**ge + stem + d**    as in **gewoond** (lived)

**-t** is added to stems ending in **p, t, k, s, f, ch**.

| infinitive | | stem | past participle |
|---|---|---|---|
| **hopen** | (to hope) | **hoop** | **gehoopt** |
| **praten** | (to talk) | **praat** | **gepraat** |
| **koken** | (to cook) | **kook** | **gekookt** |
| **missen** | (to miss) | **mis** | **gemist** |
| **blaffen** | (to bark) | **blaf** | **geblaft** |
| **kuchen** | (to cough) | **kuch** | **gekucht** |

Students will find it useful to memorize the mnemonic **'t kofschip** (a kind of sailing ship) as it contains all the consonants followed by **-t**.

SPELLING NOTE: Dutch never has a doubled consonant at the end of a word, so if the stem of a verb already ends in **-t**, the final **-t** is not added. Hence:

| **praten** | **praat** | **gepraat** |
|---|---|---|

All other weak verbs add **-d** to the stem. For example:

| infinitive | | stem | past participle |
|---|---|---|---|
| **bouwen** | (to build) | **bouw** | **gebouwd** |
| **horen** | (to hear) | **hoor** | **gehoord** |
| **bellen** | (to ring) | **bel** | **gebeld** |
| **branden** | (to burn) | **brand** | **gebrand\*** |

*In this case, a second **-d** is not added

PRONUNCIATION NOTE: Remember that **d** and **t** are both pronounced **t** at the end of a word, so the difference between past participles with **d** and with **t** is only in the spelling.

Weak verbs which have one of the following prefixes do not form their past participle with the prefix **ge-**: **be-**, **er-**, **ge-**, **her-**, **ont-**, **ver-**. They are called inseparable prefixes because they are never separated from the rest of the verb, and the verb is called an inseparable verb:

| infinitive | | stem | past participle |
|---|---|---|---|
| **bedoelen** | (to mean) | **bedoel** | **bedoeld** |
| **bepraten** | (to discuss) | **bepraat** | **bepraat** |
| **geloven** | (to believe) | **geloof** | **geloofd** |
| **verbranden** | (to burn) | **verbrand** | **verbrand** |
| **verhuizen** | (to move house) | **verhuis** | **verhuisd** |

Because of the absence of the prefix **ge-**, which is usually a sign of the past participle, inseparable verbs with a stem already ending in **-t** or **-d** have a past participle which is identical in form to the stem.

SPELLING NOTE: Verbs like **geloven** and **verhuizen** which have a **v** or a **z** in the infinitive and a stem ending in **-f** or **-s** respectively, add **-d** to the stem to form their past participle.

PRONUNCIATION NOTE: Whether the verb is weak or strong, it is the second syllable that takes the stress when one of these prefixes is added.

## VOCABULARY

| | |
|---|---|
| **beginnen** | begin |
| **binnen'kort** | soon |
| **daar'na** | afterwards |
| **de doos** | box |
| **het eind** | end |
| **gisteren** | yesterday |

| | |
|---|---|
| **hard** | hard, fast, loud |
| **heel/hele** | whole |
| **de hond** | dog |
| **het huiswerk** | homework |
| **iets** | something, anything |
| **de juf** | teacher |
| **kloppen** | knock; be right, be correct |
| **de les** | lesson |
| **oma** | grandma |
| **ontmoeten** | meet |
| **opa** | grandpa |
| **over** | about (after verbs like **praten**) |
| **het park** | park |
| **de rekenles** | arithmetic lesson |
| **de school** | school |
| **op school** | at school |
| **de stapel** | pile |
| **het sta'tion** | station |
|   [stah-'see'on] | |
| **op het station** | at the station |
| **uit'stekend** | excellent |
| **vertellen** | say, tell |
| **vragen** | ask |
| **werken** | work |
| **zeggen** | say |
| **zelf** | myself, yourself, etc (when verb not reflexive) |

## Exercise 27

Write down the past participles of the following verbs:
maken, kloppen, bellen, vertellen, werken, koken, ontmoeten, beloven, verhuizen, branden.

## Exercise 28

Translate the following sentences into English:

1  Zij heeft gisteren een foto van het huis gemaakt.
2  Wij hebben over alles gepraat.
3  Mijn broer heeft vanavond gekookt.
4  Heeft u altijd in Utrecht gewoond?
5  Wat jammer! Je hebt de trein gemist.
6  De kinderen hebben een huisje in de tuin gebouwd.
7  Ik heb de stapel kranten verbrand.
8  Opa heeft gisteren gebeld.
9  Hebben jullie alles aan je moeder verteld?
10  Zij hebben haar in het park ontmoet.
11  Gisteren heeft hij met zijn vrienden op straat gespeeld.
12  Daarna heeft hij thuis gestudeerd.

## Exercise 29

Translate the following sentences into Dutch:

1  I worked hard yesterday.
2  You've (plural) lived in Holland, haven't you?
3  She made that dress herself.
4  They took a photograph of our house.
5  Whom did she meet at the station?
6  I was amazed.
7  He told us about the party.
8  Have you (formal) heard anything about it?
9  We have always believed it.
10  I felt very tired yesterday.

## Drills

**1** Substitution drill

| | |
|---|---|
| **Ik** heb het zelf gezegd. | **jullie** |
| **Jullie** hebben het zelf gezegd. | **zij** (singular) |
| **Zij** heeft het zelf gezegd. | **u** |
| **U** hebt het zelf gezegd. | **wij** |
| **Wij** hebben het zelf gezegd. | **jij** |
| **Jij** hebt het zelf gezegd. | **hij** |
| **Hij** heeft het zelf gezegd. | **zij** (plural) |
| **Zij** hebben het zelf gezegd. | |

**2** Stimulus-response drill

S  Ik werk hard.
R  Ik heb gisteren hard gewerkt.

S  Ik maak een foto.
R  Ik heb gisteren een foto gemaakt.

S  Ik voel me ziek.
R  Ik heb me gisteren ziek gevoeld.

S  Ik speel met de hond.
R  Ik heb gisteren met de hond gespeeld.

S  Ik hoor het van haar.
R  Ik heb het gisteren van haar gehoord.

S  Ik ontmoet hem op straat.
R  Ik heb hem gisteren op straat ontmoet.

S  Ik studeer thuis.
R  Ik heb gisteren thuis gestudeerd.

## CONVERSATION

*Huiswerk*

PIET   Juf! Ik vind het huiswerk erg moeilijk. Hoe schrijf je een brief? Ik weet het niet. Mijn moeder doet het altijd voor me.

LERARES   Je begint met 'beste oma, hoe gaat het met u? Mij gaat het goed' en dan vertel je iets over jezelf. Heb je gisteren hard gewerkt?

PIET   Ja, en ik heb ook gespeeld.

LERARES   Goed, dan schrijf je 'ik heb gisteren op school erg hard gewerkt en daarna heb ik met de jongens in het park gespeeld.' Klopt dat?

PIET   Ja, en wij hebben een jongen met een hond ontmoet en de hond heeft de hele tijd geblaft. We hebben een huisje van dozen gebouwd en we hebben erin gespeeld.

LERARES   Waarom schrijf je dat dan niet? Maar de rekenles begint over vijf minuten.

PIET   Juf! Wat zeg je aan het eind van een brief?

LERARES   Vraag het maar aan je moeder vanavond.

PIET   Dan schrijf ik zelf iets: 'U komt binnenkort op bezoek, zegt mam. Ik hoop het. Groetjes, Piet.' Zo! Juf! Ik ben klaar.

LERARES   Uitstekend, Piet! En nu voor je huiswerk een brief aan een oom schrijven.

5

*Homework*

PETE  Miss! I think the homework's very difficult. How do you write a letter? I don't know. My mother always does it for me.

TEACHER  You start with 'dear Grandma, how are you? I am fine' and then you say something about yourself. Did you work hard yesterday?

PETE  Yes, and I played, too.

TEACHER  Fine. Then you write 'I worked very hard yesterday at school and afterwards I played with the boys in the park.' Is that right?

PETE  Yes, and we met a boy with a dog and the dog barked the whole time. We built a house from boxes and played in it.

TEACHER  Why don't you write that then? But the arithmetic lesson begins in five minutes.

PETE  Miss! What do you say at the end of a letter?

TEACHER  Ask your mother this evening.

PETE  Then I'll write something myself: 'You're coming to visit us soon, mum says. I hope so. Love, Pete.' There! Miss! I've finished.

TEACHER  Excellent, Pete. And now write a letter to an uncle for your homework.

# Week 6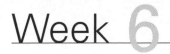

*This week includes time for revision and revision exercises, as well as:*
- the past participle of strong verbs
- use of auxiliary verbs in forming the perfect tense
- some irregular verbs

## 32 PAST PARTICIPLES OF STRONG VERBS

The past participle of strong verbs has the prefix **ge-**
(except in the case of inseparable verbs – see week 5,
section 31) and the ending **-en**. The vowel sound of the
past participle is often different from that of the stem:

| infinitive | past participle |
|---|---|
| **blijven** | **gebleven** |
| **eten** | **gegeten** |
| **komen** | **gekomen** |
| **lezen** | **gelezen** |
| **liggen** | **gelegen** |
| **schrijven** | **geschreven** |
| **vertrekken** | **vertrokken** |

As can be seen from the list above, there is no one rule
for forming the past participle of strong verbs. The
student is therefore advised to learn each new strong
verb encountered. There is a list of the commonly used
strong verbs on pages 230–232. These should be learnt.

## 33 'HEBBEN' OR 'ZIJN' AS AUXILIARIES FORMING THE PERFECT TENSE

The student is already familiar with **hebben** as an
auxiliary with weak verbs. Some strong verbs also make
their perfect tense with **hebben**. For example:

**Ik heb gelezen.** I have read.
**Wij hebben gegeten.** We have eaten.

There is a group of both strong and weak verbs which always form the perfect tense using **zijn** as the auxiliary verb. For example:

strong
**De trein is vertrokken.** The train has departed.
**Zij zijn gekomen.** They have come.

weak
**De trein is gestopt.** The train has stopped.
**Zij zijn ontsnapt.** They have escaped.

The verbs in this group denote either a change of place as in the examples above, or a change of state:

strong
**Hij is gestorven.** He has died.

weak
**Zij is geslaagd.** She has passed her exam.

NOTE: **blijven** also always forms its perfect tense with **zijn** even though it does not denote a change of place or state.

There is another group of both strong and weak verbs, which sometimes has **hebben** as perfect tense auxiliary and sometimes **zijn**. These verbs denote means of locomotion, such as **lopen** (to walk), **rijden** (to drive) and **fietsen** (to cycle).

When a destination is given, these verbs make their perfect tenses with **zijn**.

strong
**Ik ben naar huis gelopen.** I walked home.
**Hij is naar de stad gereden.** He drove into town.

weak
**Wij zijn naar Amsterdam gefietst.**
We cycled to Amsterdam.

Remember that the past participles of **lopen** and **rijden** must be learnt. When the emphasis is on the means of locomotion and no destination is given, **hebben** is used.

For example:
**Ik heb vandaag veel gereden.**
I did a lot of driving today.
**Hebben jullie gefietst of gelopen?**
Did you cycle or walk?

## 34 IRREGULAR VERBS

This is the third group of Dutch verbs described in section 31. No rules can be given for the formation of the past participle, so it must be learnt in all cases. Some useful irregular verbs to know are:

6

| infinitive | | past participle |
|---|---|---|
| **brengen** | (to bring) | **gebracht** |
| **denken** | (to think) | **gedacht** |
| **doen** | (to do) | **gedaan** |
| **gaan** | (to go) | **gegaan** |
| **hebben** | (to have) | **gehad** |
| **kopen** | (to buy) | **gekocht** |
| **nemen** | (to take) | **genomen** |
| **slaan** | (to hit) | **geslagen** |
| **staan** | (to stand) | **gestaan** |
| **zien** | (to see) | **gezien** |
| **zijn** | (to be) | **geweest** |
| **zoeken** | (to look for) | **gezocht** |

NOTE: **zijn** always has **zijn** as its perfect auxiliary verb. As **gaan** denotes a change of place, it also has **zijn**. All the others form the perfect tense with **hebben**.

## Exercise 30

When you have learnt the strong verbs in this chapter, write down the past participles of the following verbs from memory:

komen, hebben, liggen, gaan, zijn, lezen, eten, kopen, schrijven, denken, blijven, doen.

## Exercise 31

Translate the following sentences into English:

1 Bent u gisteren thuis gebleven?
2 De kinderen hebben hun huiswerk al gedaan.
3 De bibliothekaris heeft zelf een boek geschreven.
4 Waarom zijn jullie niet gekomen?
5 Ik heb erg veel boeken gelezen.
6 Heb je gisteren in dat restaurant gegeten?
7 Wij zijn vandaag naar de bioscoop gegaan.
8 Wij hebben allebei gelopen.
9 U heeft het erg druk gehad, niet waar?
10 Ze heeft die film al gezien.
11 De zoon van de buren heeft zijn hond geslagen.
12 Mijn broer is vanochtend in de stad geweest.

6

## Exercise 32

Translate the following sentences into Dutch:

1 Why did you (polite) come by bus?
2 They drove to the station.
3 I walked into town yesterday.
4 Have you (plural) already been in the museum?
5 What did she buy in town?
6 Who did you (singular) see in the park?
7 We stayed at home today.
8 My sister bought a car this morning.
9 The cat has been lying in the sun.
10 Where did you (plural) eat in the evening?

## Drills

**1** Substitution drill

| | |
|---|---|
| **U** bent thuis gebleven | **wij** |
| **Wij** zijn thuis gebleven | **hij** |
| **Hij** is thuis gebleven | **ik** |
| **Ik** ben thuis gebleven | **jullie** |
| **Jullie** zijn thuis gebleven | **zij** (singular) |
| **Zij** is thuis gebleven | **jij** |
| **Jij** bent thuis gebleven | **zij** (plural) |
| **Zij** zijn thuis gebleven | |

**2** Stimulus-response drill

S  Hij schrijft een brief.
R  Ik heb ook een brief geschreven.

S  Hij blijft thuis.
R  Ik ben ook thuis gebleven.

S  Hij ligt in bed.
R  Ik heb ook in bed gelegen.

S  Hij eet veel.
R  Ik heb ook veel gegeten.

S  Hij gaat naar de bioscoop.
R  Ik ben ook naar de bioscoop gegaan.

S  Hij koopt een boek.
R  Ik heb ook een boek gekocht.

S  Hij leest veel.
R  Ik heb ook veel gelezen.

## De spelbreker

| | |
|---|---|
| MEVR DE VIRES | Goede morgen, meneer Bakker. Hoe gaat het met u? |
| MENEER BAKKER | Goed, dank u. Bent u gisteren naar Amsterdam gegaan? |
| MEVR DE VIRES | Ja, we hebben de auto genomen, want mijn man reist niet zo graag met de trein. |
| MENEER BAKKER | Ik vind zo'n uitstapje af en toe leuk, maar de stad is niks voor mij. |
| MEVR DE VIRES | Nou ja, er valt altijd zo veel te doen, daar. Ik heb gewinkeld en mijn man is naar een museum geweest. Daarna hebben we in een restaurant geluncht. |
| MENEER BAKKER | Niks voor mij, hoor. Ik eet liever thuis. Dan weet je tenminste wat je krijgt. Wat heeft u 's middags gedaan? |
| MEVR DE VIRES | We hebben een film gezien – een film uit Engeland, denk ik, met ondertitels in het Nederlands. |
| MENEER BAKKER | Ik ga nooit naar de bioscoop. Het interesseert mij niet. |
| MEVR DE VIRES | Nou ja, ik heb in ieder geval veel gekocht: kleren voor mezelf en een paar schoenen voor mijn man. |
| MENEER BAKKER | Dan heeft u zeker te veel betaald. Alles in de stad is duur, zeggen ze. |
| MEVR DE VIRES | Nou ja, ik heb in elk geval veel plezier gehad, meneer Bakker. Dag! |

6

*The Kill-joy*

| | |
|---|---|
| MRS DE VIRES | Good morning Mr Bakker. How are you? |
| MR BAKKER | Fine, thanks. Did you go to Amsterdam yesterday? |
| MRS DE VIRES | Yes, we took the car because my husband isn't that fond of travelling by train. |
| MR BAKKER | I like a little outing now and then, but the city's not for me. |
| MRS DE VIRES | Well, there's always such a lot to do there. I went shopping and my husband went to an art gallery. Afterwards we had lunch in a restaurant. |
| MR BAKKER | Not my cup of tea. I prefer to eat at home. At least you know what you're getting then. What did you do in the afternoon? |
| MRS DE VIRES | We saw a film – a film from England, I think, with subtitles in Dutch. |
| MR BAKKER | I never go to the cinema. It doesn't interest me. |
| MRS DE VIRES | Well, I bought a lot anyway – clothes for myself and a pair of shoes for my husband. |
| MR BAKKER | Then you must have paid too much. Everything is expensive in the city, they say. |
| MRS DE VIRES | Well, I enjoyed myself anyway, Mr Bakker. Bye. |

# Revision exercises 2

### Exercise 1

Answer the questions in the negative. For example:

Zie je die man?→ Nee, ik zie die man niet.

1 Komt ze vanavond?
2 Woont uw oom in Amsterdam?
3 Spelen de kinderen buiten?
4 Is meneer Smit thuis?
5 Heb je een fiets?
6 Zijn de jongens aardig?
7 Gaan we met de bus?
8 Zit Jan op het strand?
9 Heeft de buurvrouw een poes?
10 Heeft het kind koorts?

### Exercise 2

Rearrange the sentences to start with the bold word.
For example:

Ze komt **vanavond** met de bus.→ Vanavond komt ze met de bus.

1 De studenten gaan **morgen** naar de stad.
2 Ik heb het ontzettend druk **vandaag**.
3 Ik neem een kopje thee met citroen **deze keer**.
4 Hij zit **de hele middag** in de bibliotheek.
5 De buren komen **vanavond** op bezoek.

### Exercise 3

Replace the names with pronouns. For example:
Meneer en mevrouw Smit zitten op een terrasje.→
Zij/Ze zitten op een terrasje.

1 Ik zie mevrouw Smit altijd in de bus.
2 Ton praat met Anneke.
3 Ton en Anneke gaan vanavond naar een restaurant.
4 Lies gaat met Ton en Anneke naar het restaurant.
5 Vind je Ton aardig?

### Exercise 4

Replace the nouns with a stressed pronoun or with *er*.

For example:

De kinderen eten hun eieren op.→ Zij eten ze op.

De kinderen houden van eieren.→ Zij houden ervan.

1 Hij geeft het cadeau aan zijn moeder.
2 De meisjes spelen met de poes.
3 De jongen speelt met de bal.
4 Geef de pen aan je broer.
5 De tuin ligt achter het huis.
6 Ik zie onze kinderen daar.
7 Hebben jullie alles aan de buren verteld?
8 Zit de krant in de tas?

### Exercise 5

Write down the past participles of the following verbs:

wonen, maken, horen, bellen, missen, geloven, verhuizen, praten, blijven, eten, gaan, vertrekken, schrijven, komen, liggen.

### Exercise 6

Fill in either *hebben* or *zijn*. Change the form of the verb if necessary. For example:

Ik ... piano gespeeld.→ Ik heb piano gespeeld.

1 ... jullie je goed geamuseerd?
2 Waar ... jij de hele dag geweest?
3 Ik ... in de stad gebleven.
4 Meneer en mevrouw Schoenmakers ... de trein gemist.
5 De trein ... al een kwartier geleden vertrokken.
6 We ... naar het strand gefietst.
7 ... u gefietst of gelopen?
8 Mijn tante ... gewinkeld en een nieuwe jurk gekocht.

**Exercise 7**

Fill in the gaps.

Gisteren ... ik met mijn vriend naar Amsterdam gegaan. We zijn ... de trein gegaan ... mijn vriend heeft zijn auto verkocht ... Amsterdam ... we de tram genomen.

Ik heb gewinkeld en nieuwe schoenen .... Mijn vriend ... winkelen saai, dus hij is ... een tentoonstelling gegaan. Daarna hebben we ... een restaurant .... Het was erg goed, maar ... hebben ... veel betaald. We hebben genoeg ... gehad voor ... bioscoop. We ... met de laatste ... teruggegaan. We hebben ... goed geamuseerd.

**Exercise 8**

Answer the questions in Dutch.

1 Verveel je je in de stad?
2 Reis je graag met de trein?
3 Houd je van appeltaart?
4 Heb je een auto?
5 Heb je het druk?
6 Hoe gaat het met je?
7 Wat heb je gisteren gedaan?
8 Wat heb je in het cafe gedronken?
9 Heb je aardige buren?
10 Schrijf je vaak brieven?

6

# Week 7

- how adjectives add an -e ending in certain circumstances
- the comparative form of adjectives ('larger,' 'smaller')
- ways of making comparisons
- the superlative of adjectives ('largest', 'smallest')
- adverbs
- diminutives and when to use them

## 35 ADJECTIVES IN FRONT OF THE NOUN

The following are examples of Dutch adjectives that you have already met: **groot**, **leuk**, **mooi**, **duur**, **blauw**, **wit**. So far, you have seen adjectives placed after the noun in a sentence:

**Het huis is groot.**
**Deze schoenen zijn duur.**
**Mijn tuin is mooi.**

When adjectives are placed in front of the noun, they add the ending **-e**:

**Het grote huis.**
**Deze dure schoenen.**
**Mijn mooie tuin.**

SPELLING NOTE: Remember to apply the spelling rules given in section 4, on the addition of the final **-e**, which adds another syllable to the adjective (e.g. **groot** → **grote** and **wit** → **witte**).

PRONUNCIATION NOTE: The final **-e** is pronounced like the **e** in **vader**.

BUT no **e** is added to the adjective when it precedes a neuter singular noun without an article, as in:

**het weer** (the weather)  so  **mooi weer** (lovely weather)
**het water** (the water)  so  **warm water** (hot water)

or a neuter singular noun preceded by **een, geen, veel**:

**een aardig meisje** (a nice girl)
**geen groot huis** (not a large house)
**veel warm water** (a lot of hot water)

Adjectives which end in **-en** never add **-e**. Here are a few examples:

**gebroken**  (broken)
**gesloten**  (closed)
**gouden**  (gold, golden)
**houten**  (wooden)
**open**  (open)
**zilveren**  (silver)

*so*
**een houten stoel** (a wooden chair)
**de zilveren ring** (the silver ring)

**linker** ('left') and **rechter** ('right') never add **-e**, but are nearly always joined to the following noun:

**de linkerhand** (the left hand)
**de rechterarm** (the right arm)

Sometimes the noun following an adjective is omitted if it has been mentioned earlier. In English 'one' is inserted in its place, e.g. 'the blue one'. In Dutch there is no equivalent of 'one', but the adjective still adds **-e** according to the rules given above:

**Koop je een jurk? Ja, ik neem de blauwe.**
Are you buying a dress? Yes, I'll take the blue one.
**Neemt u een groot glas bier of een klein?**
Are you having a large glass of beer or a small one?

The comparative form of the adjective is used when comparing two things. The ending **-er** is added to the adjective.

**Dat huis is groter dan dit.**
That house is larger than this one.
**Zijn tuin is mooier dan de mijne.**
His garden is more beautiful than mine.

SPELLING NOTE: Remember to apply the spelling rules from section 4, when adding an extra syllable, where a double vowel changes to a single vowel (e.g. **groot**, **groter**) and a single consonant becomes double (e.g. **dik, dikker**).

For the comparative, **-er** is added to all adjectives in Dutch, regardless of their number of syllables. In this respect, Dutch differs from English which also has the construction 'more' + adjective. For example:

**Die film is interessanter dan deze.**
That film is more interesting than this one.

Adjectives ending in **-r** insert **d** before the comparative ending:

| | |
|---|---|
| **lekker** | **lekkerder** |
| **duur** | **duurder** |
| **mager** (thin) | **magerder** |
| **ver** (far) | **verder** |

Comparative adjectives inflect (i.e. add the ending **-e**) according to the same rules as ordinary adjectives when they consist of two syllables:

**Wij hebben een grotere tuin nodig.**
We need a bigger garden.

**Zij hebben een kleiner huis gekocht.**
They have bought a smaller house.

Notice how in the last example above, this adherence to the same rules means that **kleiner** does not inflect, because it precedes a neuter singular noun with **een** (see section 35).

Comparative adjectives of three or more syllables do not add **-e**:

**Ik heb een interessanter film gezien.**
I have seen a more interesting film.

## 37 WAYS OF MAKING COMPARISONS

**1** Using a comparative adjective + **dan** (see section 36).

**2** Using **even** + adjective + **als**. This is equivalent to the English 'as ... as':

**Zijn huis is even groot als het mijne.**
His house is as big as mine.

**3** Using **net zo** + adjective + **als**. This construction is more emphatic than the previous one:

**Mijn tuin is net zo mooi als de zijne.**
My garden is just as lovely as his.

## VOCABULARY

| | |
|---|---|
| ander | other |
| de badkamer | bathroom |
| een beetje | a little, a bit |
| het erg vinden | to mind    *hence* … |
| ik vind het niet erg | I don't mind |
| donker | dark |
| de douche (pron. **doosh**) | shower |
| eerst | first |
| de gor'dijn | curtain |
| herinneren aan | remind of |
| in'eens | suddenly |
| interes'sant | interesting |
| de kamer | room |
| de ketel | kettle |
| de keuken | kitchen |
| de kleur | colour |
| licht | light |
| het ligbad | bath |
| de mens | person |
| de muur | wall |
| nieuws'gierig | inquisitive, curious |
| prachtig | splendid |
| het raam | window |
| schilderen | paint |
| de slaapkamer | bedroom |
| slecht | bad |
| trek hebben in | to feel like |
| Ik heb trek in een kopje thee | I feel like a cup of tea |
| het uitzicht | view |
| het vloerkleed | carpet |
| voor'al | especially |
| de woonkamer | living room |
| het ziekenhuis | hospital |
| zo'als | as |

## Exercise 33

Translate the following sentences into English:

1 Ik heb een grote woonkamer.
2 Zij hebben nieuwe gordijnen en een nieuw vloerkleed.
3 Het is mooi weer vandaag.
4 Mijn vader heeft een nieuwe auto nodig.
5 Heb je trek in een lekker glas bier?
6 Wat een prachtig uitzicht!
7 Wij houden niet van donkere kleuren.
8 Mijn zus vindt witte muren mooi.

## Exercise 34

Translate the following sentences into English:

1 De slaapkamer is veel groter dan de keuken.
2 Ik vind dit vloerkleed mooier dan dat.
3 Mijn broer vindt koffie lekkerder dan thee.
4 Grotere huizen zijn ook duurder.
5 Ik heb een veel interessanter biografie gelezen.
6 Hun badkamer is even klein als onze keuken.
7 Vind je bier net zo lekker als wijn?
8 Onze poes is veel magerder dan die van jullie.

## Exercise 35

Translate the following sentences into Dutch:

1 This room has large windows.
2 Have you (singular) got a new carpet?
3 The wooden chair is in the bedroom.
4 Broken windows are dangerous.
5 It's bad weather today.
6 When did you (polite) buy those white shoes?
7 I think the darker colour is prettier.
8 The bathroom is as big as the kitchen.

## Drills

**1** Substitution drill

Substitute the word in the second column for the word in bold type in the first column, making any necessary changes to the adjective or article:

| | |
|---|---|
| Ik heb een dure **jurk** gekocht. | **auto** |
| Ik heb een dure **auto** gekocht. | **boek** |
| Ik heb een duur **boek** gekocht. | **schoenen** |
| Ik heb dure **schoenen** gekocht. | **vloerkleed** |
| Ik heb een duur **vloerkleed** gekocht. | **fiets** |
| Ik heb een dure **fiets** gekocht. | **gordijnen** |
| Ik heb dure **gordijnen** gekocht. | **kleren** |
| Ik heb dure **kleren** gekocht. | |

**2** Stimulus-response drill

S  Wij hebben een grote slaapkamer.
R  Die van mij is groter.

S  Wij hebben een kleine keuken.
R  Die van mij is kleiner.

S  Wij hebben aardige buren.
R  Die van mij zijn aardiger.

S  Wij hebben een interessant boek.
R  Dat van mij is interessanter.

S  Wij hebben een zware tas.
R  Die van mij is zwaarder.

S  Wij hebben een mooi huis.
R  Dat van mij is mooier.

S  Wij hebben een duur cadeautje.
R  Dat van mij is duurder.

*Theepauze*

GERDA **Kom binnen, pa. Dit is mijn nieuwe huis. Neem je eerst een lekker kopje thee?**

VADER **Welnee, ik ben veel te nieuwsgierig. Dit is de woonkamer, neem ik aan. Wat een prachtig uitzicht over de stad, zeg! Heb je de muren zelf geschilderd?**

GERDA **Ja, en ik heb de gordijnen ook zelf gemaakt.**

VADER **Ik vind het een gezellige kamer, vooral met dat grote raam en de lichte kleuren.**

GERDA **We gaan nu naar de slaapkamer.**

VADER **Tja, deze kamer is niet zo groot als de andere, en donkerder ook.**

GERDA **Maar ik ben nog niet klaar met deze kamer, zoals je ziet.**

VADER **Maak je de muren dan wit, denk je?**

GERDA **Witte muren herinneren me een beetje aan een ziekenhuis. Ik vind een lichte kleur veel mooier.**

VADER **Je hebt een vloerkleed nodig, zie ik. Ik heb iets voor je thuis.**

GERDA **O pap! Wat aardig van je! En nu de badkamer.**

VADER **Deze is nog kleiner dan de slaapkamer. Maar ja, heel veel mensen hebben een douche en geen ligbad.**

GERDA **Ik vind het niet erg. Hier heb je de keuken. Wat zoek je?**

VADER **De ketel. Ik heb ineens trek in een kopje thee.**

7

*Teabreak*

GERDA  Come in, dad. This is my new home. Will you have a nice cup of tea first?

FATHER  Oh no, I'm much too inquisitive. This is the living room, I suppose. What a splendid view of the town! Did you paint the walls yourself?

GERDA  Yes, and I made the curtains myself, too.

FATHER  I think it's a pleasant room, especially with that large window and the light colours.

GERDA  We'll go to the bedroom now.

FATHER  Hmm, this room isn't as big as the other, and it's darker, too.

GERDA  But I haven't finished this room yet, as you see.

FATHER  Will you do the walls white, do you think?

GERDA  White walls remind me a bit of a hospital. I think a light colour is much prettier.

FATHER  You need a carpet, I see. I've got something at home for you.

GERDA  Oh dad! How nice of you! And now the bathroom.

FATHER  This one is even smaller than the bedroom. Still, lots of people have a shower and no bath.

GERDA  I don't mind. Here's the kitchen. What are you looking for?

FATHER  The kettle. I suddenly feel like a cup of tea.

7

## 38 SUPERLATIVE OF ADJECTIVES ('LARGEST', 'SMALLEST')

The superlative adjective indicates the highest degree of the quality or characteristic denoted by the adjective (i.e. 'biggest', 'most expensive' etc). It has the ending **-st**.

| | |
|---|---|
| **groot** | **grootst** |
| **mooi** | **mooist** |
| **klein** | **kleinst** |
| **duur** | **duurst** |
| **ver** | **verst** |

SPELLING NOTE: **-st** does not add an extra syllable, so the spelling is unaffected.

Adjectives already ending in **-s** simply add **-t**;

| | |
|---|---|
| **fris** (fresh) | **frist** |
| **dwaas** (silly) | **dwaast** |

All superlatives add **-e** when used in front of the noun:

**Dit is de mooiste tuin van de hele buurt.**
This is the loveliest garden in the whole neighbourhood.
**Ik koop altijd de duurste kleren.**
I always buy the most expensive clothes.
**Hij heeft het grootste huis.**
He has the largest house.

All superlatives add **-e** when used independently with the definite article:

**Piet is de oudste van de twee.**
Pete is the older of the two.

Note from the above example that, unlike the English, in Dutch the superlative is used when two things are compared.

**Het** plus superlative is used after a noun and verb.

For example:
**Mijn broer werkt het hardst(e).**
My brother works hardest.
**De duurste kleren zijn niet altijd het mooist(e).**
The most expensive clothes are not always the prettiest.

Note that the superlative adds an **-e** in spoken Dutch.

Below are three common adjectives which form their comparative and superlative irregularly:

| | | |
|---|---|---|
| **goed** (good) | **beter** | **best** |
| **veel** (much) | **meer** | **meest** |
| **weinig** (little) | **minder** | **minst** |

## 39 ADVERBS

Adverbs supply the information 'how', 'when', 'where', 'why' in a sentence. In English they are generally formed by adding the ending -ly to an adjective ('slowly', 'quickly').

The following are examples of Dutch adverbs that you have already encountered in previous chapters: **erg**, **al**, **altijd**, **nooit**, **hier**, **daar**.

In Dutch, the form of many adverbs is identical to that of the adjective, so that **goed**, for example, is sometimes translated as 'good' and sometimes as 'well':

**Een goed boek.** A good book.
**Hij schrijft goed.** He writes well.
*Similarly*
**Harde muziek.** Loud music.
**Zij praat hard.** She talks loudly.

Adverbs which also function as adjectives have a comparative and superlative form. The superlative is always preceded by **het**:

**Hij schrijft goed, maar zij schrijft beter.**
He writes well, but she writes better.
**Deze auteur schrijft het best.**
This author writes best.

## 40 DIMINUTIVES

The following are examples of Dutch diminutives that you have already encountered: **cadeautje, kopje, pakje, poesje, stukje, terrasje**.

Diminutives are formed by the addition of a suffix, such as **-je**, to the noun which adds the qualification 'small' or 'little' to that noun.

For example:
**Het huisje**. The little house, the cottage.

Diminutives are used very frequently in Dutch to convey not only small size, but also affection, as with **poesje**, or a lack of importance as with **cadeautje** – 'a little something'.

A diminutive often forms a separate word in its own right:

**het brood** (bread)
**het broodje** (bread roll)
**de telefoon** (telephone)
**het telefoontje** (telephone call)

All diminutives are **het-**nouns.

The following suffixes are used to form the diminutive in Dutch:

**1** The basic diminutive ending is **-je** added to nouns ending in a voiceless consonant, as in:

| | |
|---|---|
| **brood** | **broodje** |
| **huis** | **huisje** |
| **kop** | **kopje** |
| **poes** | **poesje** |
| **stuk** | **stukje** |

PRONUNCIATION NOTE: When the noun ends in **-t/-d**, the combination **t/d + j** is pronounced rather like English 'ch'. For example: **broodje** [broh-cher]. When the noun ends in **-s**, the combination **s + j** is pronounced rather like English 'sh'. Thus: **poesje** [poo-sher].

**2** **-tje** is added to nouns ending in a vowel (**a, o, u** are doubled):

| | |
|---|---|
| **koe** (cow) | **koetje** |
| **sla** (salad) | **slaatje** |

or a diphthong (see section 3):

| | |
|---|---|
| **rij** (row, queue) | **rijtje** |
| **trui** (jumper) | **truitje** |

or when the noun ends in **-l**, **-n**, **-r** preceded by a long vowel, diphthong, or the weak vowel (see week 1, section 3):

| | |
|---|---|
| **paar** | **paartje** |
| **tafel** | **tafeltje** |
| **trein** | **treintje** |

PRONUNCIATION NOTE: See section 2 for pronunciation of **t + j**.

**3** **-etje** is added to nouns ending in **-l, -m, -n, -r, -ng** preceded by a short vowel (see section 3B). Thus:

| | |
|---|---|
| **bal** (ball) | **balletje** |
| **kam** (comb) | **kammetje** |
| **man** (man) | **mannetje** |
| **ster** (star) l | **sterretje** |
| **ring** (ring) | **ringetje** |

SPELLING NOTE: The final consonant is always doubled on the addition of the suffix except in the case of **-ng**.

**4** **-pje** is added to nouns ending in:

**-m** preceded by a long vowel as in:

**boom** (tree) **boompje**

**-m** preceded by a diphthong as in:

**rijm** (rhyme) **rijmpje**

**-m** preceded by the weak vowel as in:

**bodem** (bottom) **bodempje**

**-m** preceded by **l** or **r** as in:

| | |
|---|---|
| **film** (film) | **filmpje** |
| **arm** (arm) | **armpje** |

**5** **-kje** is added to nouns ending in **-ing** when the syllable before last is stressed. The **g** is dropped from the spelling:

**woning** (flat) **woninkje**

## VOCABULARY

| | |
|---|---|
| de anderen | the others |
| de arts | doctor |
| de au'teur | author |
| de computer | computer |
| dagenlang | for days |
| di'rect | direct |
| de dokter | doctor |
| elk | each, every |
| de fa'milie | family |
| het gezin | family |
| gezond | healthy |
| goed'koop | cheap |
| de hoest | cough |
| hoesten | cough (verb) |
| de kat | cat |
| het katje | kitten |
| klinken | sound |
| lijken | seem |
| de pil | pill |
| het re'cept | prescription, recipe |
| rennen | run |
| slikken | swallow |
| tegenwoordig | nowadays |
| het toetje | pudding |
| vreemd | strange |
| vreselijk | terrible |
| de wachtkamer | waiting room |
| wakker | awake |
| wakker blijven | stay awake |
| wakker houden | keep awake |
| wekenlang | for weeks |

## Exercise 36

Give the diminutives of the following nouns.
For example, de tuin = het tuintje.

| | | |
|---|---|---|
| 1 de stoel | 5 de kam | 9 de woning |
| 2 de dochter | 6 de film | 10 het huis |
| 3 de brief | 7 de dag | 11 de bal |
| 4 het terras | 8 de tafel | 12 de boom |

## Exercise 37

Translate the following sentences into English:

1 Dit is het kleinste katje.
2 Hun jongste kind heeft een nieuwe fiets.
3 Ik vind deze kamer het mooist.
4 Tegenwoordig hebben de meeste mensen een computer.
5 Mijn zoontje zingt het best.
6 Ik heb de duurste schoenen niet gekocht.
7 Heb je het briefje gelezen?
8 Deze auteur schrijft erg goed.
9 Hij houdt het meest van rode wijn.
10 Zij eten het toetje altijd het liefst.

## Exercise 38

Translate the following sentences into Dutch:

1 This is the cheapest car.
2 Take the healthiest kitten.
3 We went to the best restaurant.
4 Your (plural) little garden is very pretty.
5 She always drinks the most expensive wine.
6 This little dog runs the fastest.
7 Thank you (singular) for the little present.
8 Did you (polite) get my note?

## Drills

**1** Stimulus-response drill

S Deze fiets is nieuw.
R Ja, het is onze nieuwste fiets.

S Deze auto is oud.
R Ja, het is onze oudste auto.

S Dit boek is interessant.
R Ja, het is ons interessantste boek.

S Deze wijn is lekker.
R Ja, het is onze lekkerste wijn.

S Dit vloerkleed is duur.
R Ja, het is ons duurste vloerkleed.

S Deze broodjes zijn vers.
R Ja, het zijn onze verste broodjes.

S Dit restaurant is goed.
R Ja, het is ons beste restaurant.

**2** Stimulus-response drill

S Dat kost veel.
R Maar dit kost het meest.

S Die zingt goed.
R Maar deze zingt het best.

S Die zwemt snel.
R Maar deze zwemt het snelst.

S Die leest weinig.
R Maar deze leest het minst.

S Die fietst graag.
R Maar deze fietst het liefst.

S Die werkt hard.
R Maar deze werkt het hardst.

S Dat smaakt lekker.
R Maar dit smaakt het lekkerst.

7

## CONVERSATION

*Wie is de patiënt?*

| | |
|---|---|
| DOKTER | Hoe gaat het met u, mevrouw de Ruiter? |
| MEVR DE RUITER | Het gaat best, dokter. |
| DOKTER | En met het kleintje? Hij is zeker de gezondste van de hele familie. |
| MEVR DE RUITER | Nou, hij eet het minst en hij hoest 's nachts. |
| DOKTER | Hij is de jongste en hij eet minder dan de anderen. Dat lijkt mij niet zo heel vreemd. Eet hij een beetje van alles? |
| MEVR DE RUITER | Hij eet zijn toetje het liefst. |
| DOKTER | Tja. Houdt die hoest hem wakker? |
| MEVR DE RUITER | Niet direct, nee. Maar het klinkt zo vreselijk. Dat is het ergste. |
| DOKTER | Dus, u slaapt niet zo goed, mevrouw. |
| MEVR DE RUITER | Ik heb wekenlang niet geslapen, dokter. |
| DOKTER | O, dat is makkelijk dan. U slikt één van deze pilletjes elke nacht en dan slaapt u het lekkerst van het hele gezin. Hier is het recept. |
| MEVR DE RUITER | Dank u wel. Dag. |
| DOKTER | Dag mevr de Ruiter. Dag, jongetje. |

7

*Who's the patient?*

| | |
|---|---|
| DOCTOR | How are you, Mrs de Ruiter? |
| MRS DE RUITER | Fine, doctor. |
| DOCTOR | And the little one? I'm sure he's the healthiest of the whole family. |
| MRS DE RUITER | Well, he eats the least and he coughs at night. |
| DOCTOR | He's the youngest and he eats less than the others. That doesn't seem all that strange to me. Does he eat a bit of everything? |
| MRS DE RUITER | He likes his pudding best. |
| DOCTOR | Mmm. Does that cough keep him awake? |
| MRS DE RUITER | Not exactly, no. But it sounds so awful. That's the worst thing. |
| DOCTOR | So, you're not sleeping very well. |
| MRS DE RUITER | I haven't slept for weeks, doctor. |
| DOCTOR | Oh, that's easy, then. Just take one of these little pills every night and you'll sleep the best of the whole family. Here's the prescription. |
| MRS DE RUITER | Thank you very much. Bye. |
| DOCTOR | Bye Mrs de Ruiter. Bye little boy. |

7

# Week 8

- modal verbs: 'kunnen' ('can', 'be able'), 'moeten' ('must', 'have to'), 'mogen' ('may', 'be allowed to') and 'willen' ('want')
- separable verbs
- stressed verbal prefixes
- adjectives used as nouns

## 41 MODAL VERBS: CAN, MUST, MAY, WANT

These are auxiliary verbs which are normally used in conjunction with an infinitive.

For example:
**Ik moet gaan.**
I must go.

There are four such verbs: **kunnen** can, **moeten** must, **mogen** may, and **willen** want. Since the present tense of these verbs is irregular, it will be given in full and should be learnt.

**1  kunnen** can, be able, be possible:

| | |
|---|---|
| ik kan | wij kunnen |
| jij kunt/kan | jullie kunnen |
| u kunt/kan | u kunt/kan |
| hij kan | zij kunnen |

The two **jij-** forms of the verb are both used frequently. When inverted, **jij kunt** becomes **kun jij**. The past participle is **gekund**.

**2  moeten** must, have to:

| | |
|---|---|
| ik moet | wij moeten |
| jij moet | jullie moeten |
| u moet | u moet |
| hij moet | zij moeten |

The **jij-** form does not change when inverted. The past participle is **gemoeten**.

**3  mogen** may, be allowed to:

| | |
|---|---|
| ik mag | wij mogen |
| jij mag | jullie mogen |
| u mag | u mag |
| hij mag | zij mogen |

The past participle is **gemogen**.

**4  willen** want:

| | |
|---|---|
| ik wil | wij willen |
| jij wilt | jullie willen |
| u wilt | u wilt |
| hij wil | uj willen |

The **jij-** form drops the **-t** when inversion occurs. The past participle is **gewild**.

## 42  USE OF MODAL VERBS

As well as being used with the infinitive of another verb, modal verbs can be used on their own. Very often, a common verb, such as **doen**, is implied and may need to be supplied in the English translation. For example:

**Hij kan het goed.**  He can do it well = he's good at it.
**Ik moet wel.**  I must, I've got to.
**Wij willen het wel.**  We want to (do it).

**Kunnen, moeten** and **mogen** also have an impersonal construction with **het/dat +** verb. For example:

**Dat kan.**  That is possible, that can be done.
**Het moet.**  It must be done.
**Dat mag.**  That is allowed.
(Often translated as 'you may'.)

The past participle of modal verbs only occurs when the verb is used independently. For example:

**Hij heeft het niet gekund.**
He couldn't.
**Ik heb het niet gemoeten.**
I didn't have to.
**Wij hebben het gemogen.**
We were allowed to.
**Zij heeft het niet gewild.**
She didn't want to.

**Gemoeten** and **gemogen** are used infrequently.

When a modal verb is used in conjunction with another verb, it is the modal auxiliary which agrees with the subject, while the second verb is always an infinitive. For example:

**Zij kunnen morgen niet komen.**
They can't come tomorrow.
**Zij moet vanavond vroeg naar huis gaan.**
She's got to go home early this evening.
**U mag hier niet roken.**
You are not allowed to smoke here.
**Ik wil met de auto gaan.**
I want to go by car.

Note that the modal verb is always the *SECOND* item in the sentence and the infinitive is always *LAST*.

To ask a question, simply invert subject and modal, leaving the infinitive in final position:

**Moet zij vanavond vroeg naar huis gaan?**
Does she have to go home early this evening?

When the perfect tense of a modal auxiliary is required, and it is used in conjunction with another verb, the past participle is replaced by the infinitive. Remember that it is the perfect tense auxiliary verb **hebben** which now agrees

with the subject and takes second place in the sentence.
For example:

**Ik heb gisteren kunnen komen.**
I was able to come yesterday.
**Dat heeft zij altijd willen doen.**
She has always wanted to do that.

Note that the two infinitives are placed at the end of the sentence and the modal infinitive always comes first.

To ask a question, invert the subject and the perfect tense auxiliary **hebben**, leaving the two infinitives in final position. For example:

**Heeft zij dat altijd willen doen?**
Has she always wanted to do that?

## 43 ADJECTIVE + S

When the adjective is placed immediately after **iets, niet, veel, weinig, wat**, it adds the ending **-s**.
For example:

**Heb je iets moois gekocht?**
Did you buy something pretty?
**Niets nieuws.**
Nothing new.

### VOCABULARY

| | |
|---|---|
| **als het ware** | as it were |
| **het avondeten** | evening meal |
| **beginnen (is begonnen)** | begin (has begun ) |
| **beslist** | definitely |
| **boven'dien** | moreover, what is more |
| **de coupé** | compartment |
| **de dame** | lady |
| **het di'ner** | dinner |

| | |
|---|---|
| de eenpersoonskamer | single room |
| enig | only, single |
| het ho'tel | hotel |
| lukken (is gelukt) | succeed (has succeeded) |
| het lukt mij | I succeed |
| de meneer | gentleman |
| met z'n tweeën | the two of us (you, them) |
| niemand | no-one |
| niemand anders | no-one else |
| onder de twee jaar | under two (years of age) |
| onredelijk | unreasonable |
| de receptio'nist | receptionist |
| ser'veren | serve |
| de sleutel | key |
| het spijt mij | I'm sorry |
| de streek | region, district |
| de taxi | taxi |
| de tweepersoonskamer | double room |
| waar | true |

## Exercise 39

Translate the following sentences into English:

1 Ik wil hier eten.
2 Wij kunnen vanavond niet komen.
3 Zij moet met een taxi naar huis gaan.
4 U mag in deze coupé niet roken.
5 Wij willen een tweepersoonskamer met bad.
6 Mag ik aan deze tafel zitten?
7 Kun je dit even voor me doen?
8 Ze moeten het museum beslist bezoeken.
9 Het spijt me, maar het mag niet.
10 Willen jullie rode of witte wijn?

8

## Exercise 40

Translate the following sentences into English:

1 Zij heeft vroeg moeten gaan.
2 Hebben jullie gisteren niet kunnen komen?
3 Wat heeft u willen kopen?
4 Ik heb hard moeten werken.
5 De kinderen hebben hier niet mogen spelen.
6 Wij hebben niets leuks kunnen vinden.
7 Het heeft niet gekund.
8 Dat hebben wij niet mogen doen.
9 Heb je een hotelkamer kunnen krijgen?
10 Ik heb iets vriendelijks willen zeggen, maar het is me niet gelukt.

## Exercise 41

Translate the following sentences into Dutch:

1 He cannot come today.
2 May I have the key?
3 We must buy a new computer.
4 This gentleman wants a double room.
5 Can you (polite) do it immediately?
6 Do you (plural) have to go home now?
7 We wanted to buy something cheap.
8 They had to take a taxi.
9 Were you (singular) allowed to smoke?
10 I was not able to carry that heavy case.

8

## Drills

**1** Substitution drill

| | |
|---|---|
| **Ik** kan het niet doen. | **jullie** |
| **Jullie** kunnen het niet doen. | **hij** |
| **Hij** kan het niet doen. | **wij** |
| **Wij** kunnen het niet doen. | **jij** |
| Jij **kunt** het niet doen. | **moet** |
| **Jij** moet het niet doen. | **u** |
| **U** moet het niet doen. | **zij** (plural) |
| **Zij** moeten het niet doen. | **hij** |
| Hij **moet** het niet doen. | **mag** |
| **Hij** mag het niet doen. | **wij** |
| **Wij** mogen het niet doen. | |

**2** Stimulus-response drill

S  Wat heb je gekocht?
R  Ik heb niets kunnen vinden.

S  Wat hebben ze gekocht?
R  Ze hebben niets kunnen vinden.

S  Wat heeft ze gekocht?
R  Ze heeft niets kunnen vinden.

S  Wat heeft u gekocht?
R  Ik heb niets kunnen vinden.

S  Wat hebben jullie gekocht?
R  We hebben niets kunnen vinden.

S  Wat heeft hij gekocht?
R  Hij heeft niets kunnen vinden.

S  Wat heeft die dame gekocht?
R  Ze heeft niets kunnen vinden.

8

## Snel geregeld

| | |
|---|---|
| MENEER DE WAARD | **Goedenavond. Ik wil een eenpersoonskamer met bad.** |
| RECEPTIONIST | **Het spijt mij, meneer, maar wij hebben alleen maar een tweepersoonskamer met douche.** |
| MENEER DE WAARD | **Kan ik hier eten?** |
| RECEPTIONIST | **Ja, natuurlijk. Maar het diner is al begonnen. Het is vrij laat. U moet zich haasten – over een half uur serveren we niet meer.** |
| MENEER DE WAARD | **Mag ik mijn hondje op mijn kamer hebben? Hij zit buiten in de auto.** |
| RECEPTIONIST | **Het spijt mij, maar dat mag in dit hotel niet. Wij nemen geen honden en geen kinderen onder de twee jaar.** |
| MENEER DE WAARD | **Dan moet ik een ander hotel zoeken.** |
| RECEPTIONIST | *Wij* **zijn het enige hotel in deze streek. Weet u dat niet? En bovendien is het al laat.** |
| MENEER DE WAARD | **Dat is waar. Dus krijgt u nu zeker niemand anders voor die kamer.** |
| RECEPTIONIST | **Eh … ik denk het niet nee.** |
| MENEER DE WAARD | **Het is een tweepersoonskamer, zegt u? Dus moet ik voor twee personen betalen. Dan betaal ik voor mijn hond als het ware. Dat lijkt mij niet onredelijk.** |
| RECEPTIONIST | **Goed dan. Eet u vanavond alleen, of met z'n tweeën?** |

8

## TRANSLATION

*Quickly settled*

| | |
|---|---|
| MR DE WAARD | Good evening. I want a single room with a bath. |
| RECEPTIONIST | I'm sorry sir, but we only have a double room with a shower. |
| MR DE WAARD | Can I eat here? |
| RECEPTIONIST | Yes, of course. But dinner has already begun. It is quite late. You'll have to hurry. We stop serving in half an hour. |
| MR DE WAARD | May I have my little dog in my room? He's outside in the car. |
| RECEPTIONIST | I'm sorry, but that's not allowed in this hotel. We don't take dogs or children under two. |
| MR DE WAARD | Then I'd better look for another hotel. |
| RECEPTIONIST | We are the only hotel in this district. Didn't you know? And what is more, it's so late. |
| MR DE WAARD | That's true. So you won't be getting anyone else for that room now, will you? |
| RECEPTIONIST | Er … I don't suppose so. No. |
| MR DE WAARD | It's a double room, you say? So I've got to pay for two people. So I'm paying for my dog as it were. That doesn't sound unreasonable to me. |
| RECEPTIONIST | All right then. Will you be dining alone, or is it the two of you? |

8

You have already encountered (in week 5, section 31) inseparable verbs such as **vertellen**, where the prefix **ver-** is never separated from the rest of the verb. As their name suggests, separable verbs have prefixes which can be separated from the verb.

The infinitive is always one word, as in:

**meegaan** (to go along)
**uitgaan** (to go out)
**weggaan** (to go away)

(Note how the same verb can have different prefixes which add different meanings to the basic meaning.)

In the present tense, prefix and verb are separate. The verb remains in second position in the sentence and the prefix is placed in final position. For example:

**Hij gaat vandaag weg.** He's going away today.

To ask a question, simply invert subject and verb, leaving the prefix at the end of the sentence:

**Ga je vanavond met ons mee?**
Are you going along with us this evening?

The past participle has **-ge-** inserted between the prefix and the verb:

**meegegaan**
**uitgegaan**
**weggegaan**

Note that it is written as one word.

The perfect tense is formed according to the rules given in section 30, with the auxiliary verb second in the sentence and the past participle last:

**Ik heb hem gisteren opgebeld.**
I rang him up yesterday.
**Zij zijn vanochtend op het station aangekomen.**
They arrived at the station this morning.

The rules given in week 6, section 33 for the use of
**hebben** and **zijn** as perfect tense auxiliary also apply to
separable verbs.

## 45 SOME PREFIXES AND VERBS

Below is a list of stressed prefixes which are always
separable:

| separable prefix | infinitive | past participle | |
| --- | --- | --- | --- |
| **af-** | **afmaken** | **afgemaakt** | (to finish) |
| **in-** | **inbreken** | **ingebroken** | (to break in) |
| **mee-** | **meenemen** | **meegenomen** | (to take along) |
| **op-** | **opeten** | **opgegeten** | (to eat up) |
| **tegen-** | **tegenkomen** | **tegengekomen** | (to meet, run into) |
| **toe-** | **toenemen** | **toegenomen** | (to increase) |
| **uit-** | **uitsteken** | **uitgestoken** | (to hold out one's hand) |

The prefixes **aan-**, **door-**, **om-**, **onder-**, **over-**, **voor-** are
separable when stressed and inseparable when unstressed.
For example:

stressed and separable

| **aankomen** | **aangekomen** | (to arrive) |
| --- | --- | --- |
| **ombrengen** | **omgebracht** | (to kill) |
| **voorstellen** | **voorgesteld** | (to represent, propose, suggest) |

unstressed and inseparable

| **aanvaarden** | **aanvaard** | (to accept) |
| --- | --- | --- |
| **omarmen** | **omarmd** | (to embrace) |
| **voorkomen** | **voorkomen** | (to prevent) |

8

Remember that inseparable verbs form their past participle without **ge-**.

## 46 ADJECTIVES AS NOUNS

In Dutch there are two ways to turn an adjective into a noun:

**1 de** + adjective + **e** as in:

| | |
|---|---|
| **de blinde** | the blind man/woman/person |
| **de rijke** | the rich man/woman/person |

This construction is used only to refer to people, and when translating into English remember that a noun such as 'person' must be supplied in the singular.

To form the plural in Dutch, **-en** is added to the adjective, and it is often not necessary to supply a noun in the English:

| | |
|---|---|
| **de blinden** | the blind, blind people |
| **de rijken** | the rich |

**2 het** + adjective + **e** as in:

| | |
|---|---|
| **het leuke** | the nice thing |
| **het goede** | the good thing, good |
| **het kwade** | the evil thing, evil |

This construction is used to form an abstract noun. There is no plural.

### VOCABULARY

| | |
|---|---|
| **achterin** | in/at the back |
| **afhalen** | collect, meet |
| **de baan** | job |
| **dichtdoen** (transitive) | shut |

| | |
|---|---|
| **dichtgaan** (intransitive) | shut |
| **gastvrij** | hospitable |
| **de jaren negentig** | the nineties |
| **de kennis** | friend, acquaintance |
| **het huwelijk** | marriage |
| **instappen** | get in |
| **meerijden** | have a lift |
| **nergens** | nowhere |
| **opendoen** (transitive) | open |
| **opengaan** (intransitive) | open |
| **het por'tier** | door (of car) |
| **de studie** | study, studies |
| **de studievriend** | college/university friend |
| **terugkomen** | come back, return |
| **zich terugtrekken** | withdraw, retire |
| **terugzien** | see again |
| **de va'kantie** | holiday, holidays |
| **het vliegtuig** | aeroplane |
| **het vliegveld** | airport |
| **het voorstel** | proposal |

## Exercise 42

Translate the following sentences into English:

1  Zijn vriendin gaat vandaag weg.
2  Wanneer komt zij terug?
3  Ik moet morgen opbellen.
4  Gaan jullie met ons mee?
5  Het leuke is – wij zien elkaar binnenkort terug.
6  Neem de sleutel mee.
7  Mag ik met jullie meerijden?
8  Wij halen onze dochter van het station af.
9  Kunt u de deur even voor me dichtdoen?
10  Het vliegtuig komt over een half uur aan.

8

## Exercise 43

Translate the following sentences into English:

1 Zij is vanochtend weggegaan.
2 Hebben de kinderen alles opgegeten?
3 Wanneer heeft u hem opgebeld?
4 Zij zijn gisteren van hun vakantie teruggekomen.
5 Hij heeft haar op het perron omarmd.
6 Mijn zus heeft me met de auto afgehaald.
7 Dit dure hotel is eigenlijk alleen voor de rijken.
8 De bibliotheek is al dichtgegaan.
9 Ik ben met mijn broer meegereden.
10 Hebben zij zijn voorstel aanvaard?

## Exercise 44

Translate the following sentences into Dutch:

1 They are coming back today.
2 When are you (polite) going away?
3 Ring him up.
4 You (singular) must eat everything up.
5 The library has special books for blind people.
6 Did they collect you (singular) from the airport?
7 Open the door.
8 I never saw him again.
9 What did he suggest?
10 She wants to have a lift with us.
11 I've finished my studies.
12 Did you (singular) take your brother along
   to the party?

8

# Drills

**1** Substitution drill

| | |
|---|---|
| **Ik** ga met hem mee. | **jullie** |
| **Jullie** gaan met hem mee. | **zij** (singular) |
| **Zij** gaat met hem mee. | **wij** |
| **Wij** gaan met hem mee. | **jij** |
| Jij **gaat** met hem mee. | **rijdt** |
| **Jij** rijdt met hem mee. | **u** |
| **U** rijdt met hem mee. | **zij** (plural) |
| **Zij** rijden met hem mee. | **ik** |
| **Ik** rijd met hem mee. | **hij** |
| **Hij** rijdt met hem mee. | |

**2** Stimulus-response drill

S  Bel je op?
R  Ik heb al opgebeld.

S  Neem je hem mee?
R  Ik heb hem al meegenomen.

S  Doe je de deur dicht?
R  Ik heb de deur al dichtgedaan.

S  Doe je het portier open?
R  Ik heb het portier al opengedaan.

S  Eet je het op?
R  Ik heb het al opgegeten.

S  Stel je iets voor?
R  Ik heb al iets voorgesteld.

S  Haal je haar af?
R  Ik heb haar al afgehaald.

8

## CONVERSATION

*Een toevallige ontmoeting*

FRANS  Wilt u misschien met me meerijden? Ik ga
namelijk ook naar het vliegveld. Stapt u
maar in.

TINEKE  O wat aardig van u. Dank u wel. Ik heb de
bus net gemist.

FRANS  Zet uw koffer maar achterin. Goed zo.
Heeft u het portier goed dichtgedaan?

TINEKE  Ik denk het wel. Waar gaat u naartoe? Ik
ga naar Londen.

FRANS  Nergens. Ik moet mijn vrouw afhalen. Die
is net uit Engeland teruggekomen. Ze heeft
kennissen in Londen.

TINEKE  Ik ook. Ik heb Engels gestudeerd. Ik ben
altijd met een studievriendin meegegaan
naar London – het zijn eigenlijk vrienden
van haar geweest. Maar het leuke is, zij zijn
ontzettend gastvrij, en ik zie ze nog steeds.

FRANS  Waar heeft u gestudeerd? Niet hier in
Amsterdam?

TINEKE  Jawel! Begin van de jaren negentig.

FRANS  Marijke – mijn vrouw – ook!

TINEKE  Bent u dan Frans?

FRANS  Ja!

TINEKE  Nee toch! Echt waar? Ik heb Marijke sinds
jullie huwelijk niet teruggezien. Ze heeft
zich een beetje teruggetrokken.

FRANS  Nou, ze heeft het erg druk met haar baan
en het huis.

TINEKE  Tja, natuurlijk. Wat zijn die Engelsen
gastvrij, zeg!

## A chance encounter

**FRANS**  Can I give you a lift, perhaps? You see, I'm going to the airport too. Jump in.

**TINEKE**  Oh, how kind of you. Thank you. I've just missed the bus.

**FRANS**  Just put your case in the back. Fine. Have you closed the door properly?

**TINEKE**  I think so. Where are you going? I'm going to London.

**FRANS**  Nowhere. I've got to collect my wife. She's just come back from England. She has friends in London.

**TINEKE**  Me too. I studied English. I always went along with a university friend – they were really her friends. But the nice thing is, they're terribly hospitable and I still see them.

**FRANS**  Where did you study? Not here in Amsterdam?

**TINEKE**  Yes! In the early nineties.

**FRANS**  Marijke – my wife – too!

**TINEKE**  You're not Frans are you?

**FRANS**  Yes!

**TINEKE**  Well I never! Are you really? I haven't seen Marijke since your marriage. She seems to have shut herself away.

**FRANS**  Well, she's very busy with her job and the house.

**TINEKE**  Yes, of course. Those English people keep open house, don't they?

8

# Week 9

*Now it is once more time for revision and revision exercises. You will also learn about:*
- the future tense and the use of the present for the future
- infinitive constructions

## 47 TALKING ABOUT THE FUTURE

The future tense in Dutch consists of an auxiliary verb **zullen** (present tense), and an infinitive. For example:

**Zij zullen komen.** They will come.

The present tense of **zullen** is irregular and must be learnt.

| | |
|---|---|
| ik zal | wij zullen |
| jij zult/zal | jullie zullen |
| u zult/zal | u zult/zal |
| hij zal | zij zullen |

When inversion occurs, **jij zult** becomes **zul jij**.

**Zullen** agrees with the subject of the sentence and is in second place. It is used in conjunction with an infinitive which is always in final position, as in:

**Ik zal het vandaag doen.**
I shall do it today.
**Je zult dat boek nergens krijgen.**
You won't get that book anywhere.

Note that Dutch has one future auxiliary where English has two ('shall' and 'will').

As in English, the future can also be expressed in Dutch using gaan instead of **zullen**:

**Wij gaan morgen een nieuwe auto kopen.**
We are going to buy a new car tomorrow.
**Gaat u in Amsterdam wonen?**
Are you going to live in Amsterdam?

The future can also be expressed by the present tense in both Dutch and English. This method is used much more frequently in Dutch:

**Ik ben morgen thuis.**
I'll be at home tomorrow/I'm at home tomorrow.

The future tense is not used in Dutch unless some extra meaning is to be conveyed. Its use often implies an intention or a promise:

**Ik zal morgen thuis zijn.**
I will be at home tomorrow.

## 48 VERBS: INFINITIVE CONSTRUCTIONS

Many common verbs in Dutch also function as auxiliary verbs. They are used in conjunction with another verb which is in the infinitive form. The auxiliary agrees with the subject and is the second item in the sentence. The infinitive is always at the end and may or may not be preceded by **te**.

**Hij probeert te werken.**
He is trying to work.

**1** The verbs listed below are used as auxiliaries in conjunction with an infinitive without **te**:

| | |
|---|---|
| **blijven** | stay, remain |
| **doen** | do, make |
| **gaan** | go |
| **helpen** | help |
| **horen** | hear |
| **komen** | come |
| **laten** | let, have (something done) |
| **leren** | teach, learn |
| **vinden** | find |
| **voelen** | feel |
| **zien** | see |

9

For example:

**Hij blijft staan.** He is standing still.
**Het doet me lachen.** It makes me laugh.

Like modals, to form the perfect tense these verbs use
an infinitive instead of a past participle (see section 42).
Note the word order in the following examples:

**Ik heb mijn schoenen laten repareren.**
I have had my shoes repaired.
**Zij is komen helpen.**
She came to help.

**2** Below is a list of the most important auxiliary verbs
which require insertion of **te**:

| | |
|---|---|
| **beginnen** | begin |
| **durven** | dare |
| **hoeven** | used as negative of **moeten**, for example: |
| | **Dat hoef je niet te doen.** |
| | You don't have to do that. |
| | |
| **hopen** | hope |
| **liggen** | when used as auxiliary, often translates the English verb 'to be', for example: |
| | **Zij ligt te slapen.** She is sleeping. |
| | |
| **proberen** | try |
| **staan** | often translates 'to be', for example: |
| | **Zij staan in de keuken te praten.** |
| | They are talking in the kitchen. |
| | |
| **vergeten** | forget |
| **weten** | know, sometimes translates 'to manage to' |
| **zitten** | often translates 'to be' |

The regular way in which these verbs form the perfect
tense is **hebben/zijn** + past participle + **te** + infinitive.

For example:

**Ik ben vergeten te schrijven.**
I forgot to write.
**Hij heeft geprobeerd me op te bellen.**
He tried to ring me.

You can see from the second example that infinitives of separable verbs are separated by **te**, as in **op te bellen**. This is always written as three words.

NOTE: When used in the perfect tenses **durven, hoeven, liggen, staan** and **zitten** are partial exceptions to the rule given above. They form their perfect tenses in the same way as modals: the past participle is replaced by the infinitive, and **te** is dropped, for example:

**Wij hebben naar de radio zitten luisteren.**
We were (sitting) listening to the radio.

## VOCABULARY

| | |
|---|---|
| **als de bliksem** | like lightning, like a shot |
| **de boottocht** | boat-trip |
| **een boottocht maken** | go on a boat-trip |
| **de broek** | pair of trousers |
| **de bruiloft** | wedding |
| **de cent** | cent |
| **de das** | tie |
| **deftig** | smart, respectable |
| **dom** | stupid |
| **er** | there |
| **eruitzien** | look, appear |
| **de handtas** | handbag |
| **het hemd** | shirt |
| **de hoed** | hat |
| **de hoek** | corner |
| **hoezo?** | sorry? what do you mean? |
| **de jas** | coat |
| **het jasje** | jacket |

9

| | |
|---|---|
| **jonge jonge!** | goodness me! |
| **kijken (gekeken)** | look |
| **leren** | leather (adj.) |
| **net** | tidy, smart |
| **overhebben (overgehad)** | have left over |
| **overhouden (overgehouden)** | save |
| **overreden (overreed)** | persuade |
| **het pak** | suit |
| **spe'ciaal** | special |
| **geen sprake van** | out of the question |
| **stomen (gestoomd)** | dry-clean |
| **de tele'visie (tv)** | television |
| **verbaasd** | amazed, in amazement |
| **het weekend** | weekend |
| **zomerkleren** | summer clothes |

## Exercise 45

Translate the following sentences into English:

1 Ik zal hem morgen opbellen.

2 Hij gaat een nieuwe broek kopen.

3 Zullen wij naar de bruiloft gaan?

4 Wat gaat u nu doen?

5 De kinderen zullen zomerkleren nodig hebben.

6 Je zult geen cent overhebben.

7 Waarom gaan ze geen boottocht maken?

8 De grachten zullen er mooi uitzien.

9 Gaan we naar de tv kijken?

10 Zij zal het nooit weten.

## Exercise 46

Translate the following sentences into English:

1 Zij zit te lezen.
2 Ik durf niet te kijken.
3 Zijn jullie vergeten te komen?
4 Ze hebben de hele avond zitten praten.
5 Hoor je haar roepen?
6 Hij hoeft geen nieuwe kleren te kopen.
7 Ik ben begonnen te lezen, maar het boek
   interesseert me niet.
8 Ziet u hem in de hoek zitten?
9 Wij zijn meteen gaan helpen.
10 Ik heb mijn oude jas laten stomen.

## Exercise 47

Translate the following sentences into Dutch:

1 What are we going to do?
2 I shall buy a new hat.
3 They will never forget her.
4 The little tree is beginning to grow.
5 He tried to find a tie.
6 Are the children watching television?
7 I am teaching him to swim.
8 Did you (formal) have your jacket cleaned?
9 You (singular) stood watching in amazement.
10 We heard the neighbour (m.) singing in the bath.

9

## Drills

**1** Substitution drill

| | |
|---|---|
| **Ik** zal het morgen proberen. | **jullie** |
| **Jullie** zullen het morgen proberen. | **u** |
| **U** zult het morgen proberen. | **zij** (singular) |
| **Zij** zal het morgen proberen. | **wij** |
| **Wij** zullen het morgen proberen. | **jij** |
| **Jij** zult het morgen proberen. | **zij** (plural) |
| **Zij** zullen het morgen proberen. | **hij** |
| **Hij** zal het morgen proberen. | |

**2** Stimulus-response drill

S  Zij zitten te praten.
R  Wij hebben ook zitten praten.

S  Zij staan te kijken.
R  Wij hebben ook staan kijken.

S  Zij liggen te slapen.
R  Wij hebben ook liggen slapen.

S  Zij vergeten op te bellen.
R  Wij zijn ook vergeten op te bellen.

S  Zij leren fietsen.
R  Wij hebben ook leren fietsen.

S  Zij komen kijken.
R  Wij zijn ook komen kijken.

S  Zij blijven staan.
R  Wij zijn ook blijven staan.

9

*Wie is het knapste?*

KEES **Wij gaan in het weekend naar een bruiloft. Het zijn deftige mensen en we zullen zeker nieuwe kleren nodig hebben.**

FRED **Je hebt in jaren geen pak gedragen. Ga je iets speciaals kopen?**

KEES **Ja, het moet. Ik heb een nette broek en een vrij nieuw jasje, maar die zijn niet goed genoeg volgens Gerda.**

FRED **Waar is zij, trouwens?**

KEES **O zij zit naar de tv te kijken. Ze is gisteren al een dure jas gaan kopen.**

FRED **Ze zal beslist een leren handtas moeten kopen – en schoenen ook. En een hoed, en nog meer.**

KEES **Jonge jonge! We hebben geen geld daarvoor.**

FRED **Precies!**

KEES **Hoezo?**

FRED **Je hoeft Gerda niet eens te overreden. Je zegt iets van 'Je gaat die schoenen toch niet dragen, hoop ik' en ze is als de bliksem weg. Ze vergeet geld voor jou over te houden en er zal geen sprake meer van dat pak zijn.**

KEES **Ik zal met een nieuw hemd en een goedkope das tevreden zijn. Wat ben jij slim, zeg – maar ik durf het niet te proberen .... Vind jij Gerda soms zo dom?**

9

*Who'll be smartest?*

KEES   We're going to a wedding at the weekend. They're smart people and we shall definitely need new clothes.

FRED   You haven't worn a suit for years. Are you going to buy something special?

KEES   Yes, I've got to. I've got a smart pair of trousers and a fairly new jacket, but they aren't good enough according to Gerda.

FRED   Where is she, by the way?

KEES   Oh, she's watching the telly. She's already been and bought an expensive coat yesterday.

FRED   She'll certainly have to have a leather handbag – and shoes too. And a hat, and more besides.

KEES   Goodness me! We haven't got any money for that

FRED   Exactly!

KEES   What do you mean?

FRED   You won't even have to persuade Gerda. You say something like 'You're not going to wear those shoes, I hope' and she'll be off like a shot. She'll forget to save any money for you and that suit will be out of the question.

KEES   I'll be satisfied with a new shirt and a cheap tie. You are a sly one, but I daren't try it .... Do you think Gerda's that stupid?

9

# Revision exercises 3

### Exercise 1

Fill in the gaps with an adjective from the list. Use each adjective only once, and add an **-e** where necessary.

groot, wit, aardig, interessant, duur, klein, moeilijk, lekker

1 Gelukkig zijn onze buren erg ....
2 Ik vond het een erg ... boek.
3 ... kinderen kunnen niet op straat spelen.
4 Mijn moeder houdt niet van kleuren. Ze heeft de muren ... geschilderd.
5 Ik heb geen geld meer. Ik heb hele ... schoenen gekocht.
6 Het is een lichte kamer met ... ramen.
7 Mijn vriendin houdt van ... eten en goede wijn.
8 Mijn broer vond het een ... les. Hij heeft niet veel geleerd.

### Exercise 2

Fill in the correct form of the verb between brackets.

1 Jullie (moeten) hard werken.
2 Wij (kunnen) het verhaal niet geloven.
3 Jij (mogen) nu naar huis gaan.
4 Hij (willen) een nieuwe auto kopen.
5 Ik (kunnen) vrijdag niet komen.
6 Piet en Maarten (willen) naar het strand gaan.
7 Anneke (moeten) vanavond naar de dokter gaan.
8 Hij (mogen) het niet doen.
9 Ik (willen) een tweepersoonskamer reserveren.
10 (Kunnen) u misschien op zaterdag komen?

9

**Exercise 3**

Put the verb or verbs in the correct place in the sentence and alter the form if necessary.

For example:

Tante Lies morgen aankomen.→ Tante Lies komt morgen aan.

1 Ik haar vaak opbellen.
2 De kinderen de hele taart hebben opeten.
3 Tineke met ons meegaan.
4 Mijn broer gisteren al zijn weggaan.
5 We hem op straat zijn tegenkomen.
6 Je de deur willen dichtdoen?
7 Je het raam voor mij kunnen opendoen?
8 Ik je van het station komen afhalen.
9 Ik met jullie mogen meerijden?
10 We vanavond uitgaan.

**Exercise 4**

Put the verb in the future tense.

For example:

We komen wel.→ We zullen wel komen.

1 Ik ga beslist mee.
2 We halen je van het vliegveld af.
3 Hij doet het vandaag.
4 Welke auto koopt zij?
5 Ik ben morgen de hele dag thuis.
6 Aanvaardt u het voorstel?
7 Je gaat niet weg, hoop ik?
8 Ze bedoelen het goed.

9

**Exercise 5**

Supply the missing verb from the following list. You will need to use some verbs more than once.

willen, moeten, kunnen, blijven

'Ik ga zaterdag naar een feest. … je met me meegaan?'

'Dan … je een nieuwe broek kopen, vind ik. Die oude ziet er verschrikkelijk uit.'

'Ik … geen nieuwe broek kopen, want ik heb geen geld. En jij? … jij niet naar de kapper gaan? Anders … ik niet met jou gaan.'

'Dan … we beter niet gaan, denk ik.'

'Nou, … jij dan thuis zitten, ik ga wel!'

**Exercise 6**

Put the sentences into the perfect tense.
For example:
Ik moet lachen.→ Ik heb moeten lachen.

1  Ik wil een taxi nemen.
2  Je moet veel lezen.
3  We willen vroeg eten.
4  Ze kunnen vandaag niet komen.
5  Ik moet hard studeren.
6  Ze staan te wachten.
7  Ze zit te lachen.
8  De poes ligt de hele dag te slapen.
9  Zitten jullie niets te doen?
10  We zitten naar de radio te luisteren.
11  Ik leer haar zwemmen.
12  Hij blijft op het perron staan.
13  We komen je in de tuin helpen.
14  Ze gaat een nieuwe fiets kopen.
15  Laat je je schoenen repareren?

9

# Week 10

- coordinating and subordinating conjunctions
- word order in subclauses
- the construction zijn + aan + het + infinitive
- past tenses of both weak and strong verbs
- past tenses of 'hebben' and 'zijn'
- uses of the past tense

## 49 COORDINATING CONJUNCTIONS

Conjunctions are words which join two sentences together. For example: **en** 'and'.

**De hond slaapt en de kat speelt.**
The dog is sleeping and the cat is playing.

**en** is described as a coordinating conjunction because it joins two sentences, or clauses, of equal importance. The word order is the same in both clauses. Other coordinating conjunctions are:

| | |
|---|---|
| **dus** | so, thus |
| **maar** | but |
| **of** | or |
| **want** | for, because |

**Ga je mee of blijf je thuis?**
Are you coming along or are you staying at home?
**Ik zie haar nooit want ze woont zo ver weg.**
I never see her because she lives so far away.

## 50 SUBORDINATING CONJUNCTIONS

Subordinating conjunctions introduce subclauses (see section 51). The most important ones are listed below:

**dat**             that

In English, 'that' is not always present, but if it can be inserted, for example 'he says (that) he's coming

tomorrow' then **dat** must be included in Dutch:
**Hij zegt dat hij morgen komt**.

| | |
|---|---|
| **nadat** | after |
| **omdat** | because |

Although **want** and **omdat** can both be translated as 'because', only **omdat** is used to answer the question 'why'.

| | |
|---|---|
| **totdat** | until |
| **voordat** | before |
| **hoe'wel** | although |
| **nu** | now that |
| **of** | whether |

Note the difference in meaning between **of** ('or') as a coordinating conjunction and **of** ('whether') as a subordinating conjunction.

| | |
|---|---|
| **ter'wijl** | while |
| **zoals** | as |
| **als** | if, when |
| **wan'neer** | whenever, when |
| **toen** | when |

Note that these last three conjunctions all have a translation 'when'. You must therefore be careful when using them:

**als/wanneer** are both used to translate 'when' referring to something which has yet to happen.

For example:
**Als/wanneer hij komt ...**
When he comes ...

**als/wanneer** are also both used to translate 'when' if something happens repeatedly:

**Als/wanneer de zon schijnt, voel ik me gelukkig.**
When (whenever) the sun shines I feel happy.

10

**toen** is only used to refer to an occasion in the past. It is only found with the simple past tense and past perfect tense in Dutch (see sections 53, 54 and 57):

**Toen ik in Amsterdam woonde ...**
When I lived in Amsterdam ...

## 51 WORD ORDER IN SUBCLAUSES

An important difference between Dutch and English is the word order in subclauses. A subclause is always dependent on another clause – the main clause. The two are joined by a subordinating conjunction, e.g. **dat**:

**Mijn broer zegt dat hij een nieuwe auto heeft.**
My brother says (that) he has a new car.

You are familiar with the word order of the main clause (see section 21), but in the subclause the verb is in final position.

If the verb has a separable prefix which normally stands at the end of the clause, e.g. **hij gaat weg**, the two are re–united in a subclause and written as one word:

**... dat hij weggaat**

In the perfect tense, the auxiliary may either precede the past participle or follow it at the end of a subclause:

**Mijn broer zegt dat hij een nieuwe auto heeft gekocht/gekocht heeft.**
My brother says that he has bought a new car.

In infinitive constructions (future tense, modal + infinitive, other auxiliary + infinitive: see week 9, section 48) the order of items at the end of the subclause is either auxiliary + infinitive, or infinitive + auxiliary:

**Mijn broer zegt dat hij een nieuwe auto zal kopen/ kopen zal.**
**Mijn broer zegt dat hij een nieuwe auto moet kopen/kopen moet.**
**Mijn broer zegt dat hij een nieuwe auto gaat kopen/kopen gaat.**

When the perfect tense of an infinitive construction is required, there are three verbs at the end of the subclause. The order is **hebben/zijn** + auxiliary + infinitive:

**Mijn broer zegt dat hij een nieuwe auto heeft moeten kopen.**
**Mijn broer zegt dat hij een nieuwe auto is gaan kopen.**

If a Dutch sentence has the structure subclause + main clause, then the entire subclause is the first item in the word order of the sentence as a whole. It must then be followed by the main verb which is always the second item in the sentence (see week 4, section 21):

**Wanneer de zon schijnt voel ik me gelukkig.**

## 52 ZIJN + AAN + HET + INFINITIVE

This construction is often used where English has the progressive form 'we are doing', 'he is singing', etc. This is because it conveys that a certain action is in progress.

For example:
**Zij zijn aan het spelen.** They are playing.
**Ik ben een boek aan het zoeken.** I am looking for a book.

It is not used with verbs of motion and position:

**Wij gaan naar huis.** We are going home.
**De spiegel hangt aan de muur.**
The mirror is hanging on the wall.

10

## VOCABULARY

| | |
|---|---|
| act'eren (geacteerd) | act |
| de ac'teur | actor |
| bekend | famous, well-known; familiar |
| de choco'la(de) | chocolate |
| commercieel | commercial |
| dichtbij | close to |
| gelijk hebben | be right |
| het gezicht | face |
| grappig | funny |
| hoe kan dat nou ! | how on earth …! |
| ieder'een | everyone |
| zich inleven (ingeleefd) in | identify with, get into |
| missen | lack |
| de pauze | interval |
| het pub'liek | audience |
| 'regenen (geregend) | rain |
| in de rij staan | queue |
| de re'clame | advert; advertising |
| spon'taan | spontaneous |
| het the'ater | theatre |
| de theatergroep | theatre group |
| het to'neel | stage |
| het toneelstuk | play |
| uitgeven (uitgegeven) | spend |
| verdienen (verdiend) | earn |
| 'voorkomen (voorgekomen) | appear, seem; occur |
| voor'komen | prevent (note where stress is placed) |
| het komt mij bekend voor | it seems familiar to me |

10

## Exercise 48

Translate the following sentences into English:

1 Zij verdienen veel en zij geven veel uit.
2 Ik houd van het theater, maar ik ga ook naar de bioscoop.
3 Blijf je thuis of ga je uit?
4 Het regent, dus wij gaan met de auto.
5 Weet u of het waar is?
6 Ik denk dat hij gelijk heeft.
7 Ze is haar haar aan het wassen.
8 Als het kan, willen wij vanavond naar het theater gaan.
9 Ze zegt dat ze aan het eten zijn.
10 Wanneer het mooi weer is, gaan de kinderen in het park spelen.
11 Zijn gezicht komt mij bekend voor, want ik heb hem op de tv gezien.
12 Hij zegt dat hij veel gelachen heeft omdat het stuk zo grappig is.

## Exercise 49

Translate the following sentences into Dutch:

1 He watches television and she listens to the radio.
2 We are washing the car.
3 He acts well, but he is not famous.
4 I think that you (formal) are right.
5 She wants to know whether you (sing.) are working.
6 Are you (plural) going to a restaurant before you go to the theatre?
7 If it is nice weather I shall go to the beach.
8 When it rains I stay at home.
9 Are you (sing.) learning French or do you speak it already?
10 We aren't going along because we've already seen the play.

10

## Drills

**1** Stimulus-response drill

S  Spelen de kinderen?
R  Ja, ze zijn aan het spelen.

S  Eten jullie?
R  Ja, we zijn aan het eten.

S  Leest ze?
R  Ja, ze is aan het lezen.

S  Schrijf je?
R  Ja, ik ben aan het schrijven.

S  Koopt hij een boek?
R  Ja, hij is een boek aan het kopen.

S  Wassen ze de auto?
R  Ja, ze zijn de auto aan het wassen.

S  Werkt ze?
R  Ja, ze is aan het werken.


**2** Stimulus-response drill

S  Waarom fiets je?
R  Omdat ik graag fiets.

S  Waarom doe je dat?
R  Omdat ik dat graag doe.

S  Waarom werk je?
R  Omdat ik graag werk.

S  Waarom acteer je?
R  Omdat ik graag acteer.

S  Waarom studeer je?
R  Omdat ik graag studeer.

S  Waarom kook je?
R  Omdat ik graag kook.

S  Waarom bel je op?
R  Omdat ik graag opbel.

10

*Pauze*

HENK  Het verbaast me dat we kaarten voor vanavond hebben kunnen krijgen. Het is zo ontzettend druk.

ROOS  Hoe lang is de pauze? Denk je dat we tijd hebben voor een kopje koffie?

HENK  Jazeker. Zullen we in de rij gaan staan?

ROOS  Hoe vind je het toneelstuk? Goed geacteerd, hè?

HENK  Ik vind dat het stuk zelf iets mist, hoewel het best grappig is. Maar zoals je zegt, kunnen die mensen goed acteren.

ROOS  Ze zijn in ieder geval enthousiast en spontaan. Dat is het leuke van deze kleine theaters – dat het publiek dichtbij het toneel zit en zich in het stuk makkelijk in kan leven.

HENK  Weet jij of die jonge acteur bekend is? Ik ken zijn gezicht.

ROOS  Nu je het zegt, zie ik wat je bedoelt. Volgens mij heb ik hem op de tv gezien in een reclame voor chocola. Kan dat?

HENK  Je hebt gelijk! Hij verdient zeker niet zo veel bij deze theatergroep. Ook als je niet erg bekend bent, kun je toch meer met commerciële dingen verdienen –

ROOS  Henk! Heb jij de bel gehoord? Iedereen is weg! Hoe kan dat nou!

**10**

*Interval*

HENK  It amazes me that we managed to get tickets for tonight. It's so terribly busy.

ROOS  How long is the interval? Do you think we have time for a cup of coffee?

HENK  Of course. Shall we go and stand in the queue?

ROOS  What do you think of the play? Well acted, isn't it?

HENK  I think the play itself lacks something, although it's quite funny. But as you say, those people can act.

ROOS  They're enthusiastic and spontaneous, at any rate. That's the nice thing about these little theatres – that the audience sits close to the stage and can get into the play easily.

HENK  Do you know whether that young actor is well-known? I know his face.

ROOS  Now that you mention it, I can see what you mean. I reckon I've seen him on television in an advert for chocolate. Is that possible?

HENK  You're right! He probably doesn't earn that much with this theatre group. Even if you're not very well-known, you can earn more from commercial things –

ROOS  Henk! Did you hear the bell? Everyone's gone! How on earth …!

10

## 53 WEAK VERBS: PAST TENSE

The past tense of weak verbs consists of the stem of the verb + **te(n)/de(n)**.

**1** Verbs whose stem ends in **p**, **t**, **k**, **s**, **f**, **ch** (remember **'t kofschip**) add **-te(n)** and the rest add **de(n)**.

| past tense **hopen** | past tense **betalen** |
|---|---|
| ik hoopte | ik betaalde |
| jij hoopte | jij betaalde |
| u hoopte | u betaalde |
| hij hoopte | hij betaalde |
| wij hoopten | wij betaalden |
| jullie hoopten | jullie betaalden |
| u hoopte | u betaalde |
| zij hoopten | zij betaalden |

**2** Verbs whose stem ends in **-t** add **-te(n)** according to the rule given above, and verb stems ending in **-d** add **-de(n)**:

| infinitive | stem | past tense | |
|---|---|---|---|
| **praten**(to talk) | **praat** | **praatte** (sing.) | **praatten** (pl.) |
| **redden** (to save) | **red** | **redde** (sing. ) | **redden** (pl.) |

PRONUNCIATION NOTE: Because of the tendency not to pronounce **-n** at the end of words in Dutch, **praten, praatte** and **praatten** look different but sound the same. And note that in the second example the infinitive and the plurals of the present and past tense look and sound identical.

**3** Verbs whose infinitives contain **v** and **z**, but whose stems end in **-f** and **-s** have the **f, s,** spelling in the past tense, although these are pronounced **v** and **z** respectively:

10

| infinitive | stem | past tense | |
|---|---|---|---|
| **leven** | **leef** | **leefde** (sing.) | **leefden** (pl.) |
| (to live) | | [layv-de*r*] | [layv-de*r*] |
| **verhuizen** | **verhuis** | **verhuisde** | **verhuisden** |
| (to move | | (sing.) | (pl.) |
| house) | | [fer-'h**OW**z-de*r*] | [fer-'h**OW**z-de*r*] |

**4** Separable verbs behave in the same way in the past tense as in the present, i.e. verb and prefix are separate in a main clause and joined in a subclause.

For example:
**Hij belde gisteren op.**
He rang up yesterday.
**Ze zei dat hij gisteren opbelde.**
He said that he rang up yesterday.

## 54 STRONG VERBS: PAST TENSE

The past tense of strong verbs involves a change of vowel in the stem with no ending in the singular and **-en** in the plural:

| infinitive | past tense | |
|---|---|---|
| **zingen** | **zong** | **zongen** |
| **schrijven** | **schreef** | **schreven** |
| **dragen** | **droeg** | **droegen** |
| **hangen** | **hing** | **hingen** |
| **slapen** | **sliep** | **sliepen** |
| **lezen** | **las** | **lazen** |

SPELLING NOTE: **f** and **s** in the singular, **v** and **z** in the plural of **schrijven** and **lezen**.

Because the vowel change cannot be predicted, you are advised to turn to the list of strong verbs on pages 230–232 and learn it; so from now on, when a new strong verb is introduced, the past tense and past participle will not be given.

**10**

Irregular verbs (see week 6, section 34) are also included in the list on pages 230–232. They often show other changes besides the vowel:

| infinitive | stem | past tense | |
|---|---|---|---|
| **brengen** | **breng** | **bracht** | **brachten** |
| **doen** | **doe** | **deed** | **deden** |
| **kopen** | **koop** | **kocht** | **kochten** |

The past tense of modal verbs is also included in the list on pages 230–232.

## 55 HEBBEN AND ZIJN: PAST TENSE

The past tenses of **hebben** and **zijn** are shown below and must be learnt.

| **hebben** | **zijn** |
|---|---|
| **ik had** | **ik was** |
| **jij had** | **jij was** |
| **u had** | **u was** |
| **hij had** | **hij was** |
| **wij hadden** | **wij waren** |
| **jullie hadden** | **jullie waren** |
| **u had** | **u was** |
| **zij hadden** | **zij waren** |

## 56 USE OF THE PAST TENSE

10

The past tense is not used as frequently in Dutch as in English because an English past tense is usually rendered by the perfect in Dutch (see section 30).

The past tense is used in Dutch when narrating a series of events.

For example:

**Ik ging de stad in, kocht een cd, ging op een terrasje zitten, en daarna liep ik naar huis.**
I went into town, bought a CD, went and sat on a café-terrace, and afterwards I walked home.

The past tense in Dutch is always used after the subordinating conjunction **toen**. For example:

**Toen ik in Amsterdam woonde, ging ik vaak naar het theater.**
When I lived in Amsterdam, I often went to the theatre.

**hebben** and **zijn** are used more frequently in the past tense than in the perfect, although the perfect is not wrong in most cases.

For example:

**Ik was in de stad.**
I was in town.

**Ik ben in de stad geweest.**
I was in town.

The past tense must be used if **hebben** and **zijn** indicate a permanent state:

**Hij is voor zijn examen geslaagd, maar hij was ook altijd knapper dan ik.**
He passed his exam, but he always was cleverer than me.

**10**

## VOCABULARY

| | |
|---|---|
| **aanbieden (strong)** | offer |
| **aannemen (strong)** | accept |
| **de betrekking** | post, job |
| **breed** | wide, broad |
| **de cd** | CD |
| **de chef** | boss |
| **de ervaring** | experience |
| **de firma** | firm, company |
| **gaan zitten** | sit down |
| **veel gemeen hebben met iemand** | have a lot in common with with someone |
| **de groothandel** | wholesale business |
| **de handelsreiziger** | commercial traveller |
| **hè** | isn't it, wasn't it etc. |
| **huidig** | present (adj.) |
| **de kantoorbediende** | clerk |
| **knap** | clever; good-looking |
| **de kruide'nier** | grocer |
| **het luxeartikel** | luxury item |
| **de manager** | manager |
| **neerzetten** | put down |
| **opgeven (strong)** | give up |
| **goed met iemand opschieten** | get on with someone well |
| **het personeel** | personnel, staff |
| **sollici'teren** | apply |
| **toen** | then, at that time |
| **veranderen van** | change |
| **de verkoopleider** | sales manager |
| **in verwachting** | expecting a baby |
| **wegrijden** | drive off |
| **de werkzaamheid** | occupation |
| **de winkelbediende** | shop-assistant |
| **zwanger** | pregnant |

**10**

## Exercise 50

Give the past tense, singular and plural, of the following weak verbs:

hopen, groeien, bouwen, maken, leven, praten, verhuizen, zetten, blaffen, branden

## Exercise 51

Give the past tense, singular and plural, of the following strong and irregular verbs:

schrijven, gaan, brengen, lezen, lopen, vragen, staan, nemen, kopen, hangen

## Exercise 52

Translate the following sentences into English:

1 Wij betaalden en gingen weg.
2 Gisteren was het mooi weer.
3 Ze zaten de hele avond te praten.
4 Jullie hadden drie katjes, dacht ik.
5 Het waren onze buren toen we in Utrecht woonden.
6 Hij had een grote tuin voordat hij verhuisde.
7 Was u tevreden toen u daar werkte?
8 We gingen mee, stapten in de auto, en reden toen weg.
9 Ze praatte heel vriendelijk tegen me toen ze opbelde.
10 De jongen redde de hond en nam hem mee naar huis.

10

## Exercise 53

Translate the following sentences into Dutch. Use the past tense even though the perfect is acceptable in some cases, as in sentence 4:

1 It was a nice party, wasn't it?
2 You (plural) had a very old car.
3 I knocked at the door, opened it and went in.
4 We were in town yesterday.
5 Didn't you (singular) have a new bicycle?
6 When he saw us, he laughed.
7 They built a house and went to live there.
8 I carried the case, put it down, and sat down on it.
9 At that time, she only spoke English.
10 When I offered him the job, he accepted it.

## Drills

**1** Substitution drill

| | |
|---|---|
| **Wij** waren gisteren thuis. | **ik** |
| **Ik** was gisteren thuis. | **hij** |
| **Hij** was gisteren thuis. | **jullie** |
| **Jullie** waren gisteren thuis. | **jij** |
| **Jij** was gisteren thuis. | **zij** (plural) |
| Zij **waren** gisteren thuis. | **bleven** |
| **Zij** bleven gisteren thuis. | **ik** |
| **Ik** bleef gisteren thuis. | **wij** |
| **Wij** bleven gisteren thuis. | **u** |
| **U** bleef gisteren thuis. | |

10

**2** Stimulus-response drill to practise **er** (there)

S  Hij lag toen in bed.
R  Hij ligt er nog.

S  Hij zat toen in de keuken.
R  Hij zit er nog.

S  Hij was toen thuis.
R  Hij is er nog.

S  Hij stond toen op de hoek.
R  Hii staat er nog.

S  Hij liep toen op straat.
R  Hij loopt er nog.

S  Hij sliep toen in de tuin.
R  Hij slaapt er nog.

S  Hij bleef toen in de stad.
R  Hij blijft er nog.

10

*Sollicitatiegesprek*

MENEER TIMMERS **Komt u binnen, meneer Smit. Gaat u zitten. U heeft dus naar de betrekking van verkoopleider gesolliciteerd.**

MENEER SMIT **Ja, dat klopt.**

MENEER TIMMERS **Ik lees uit uw brief dat u niet veel ervaring op dit gebied hebt.**

MENEER SMIT **Niet als manager, nee. Maar ik heb wel een brede ervaring in allerlei banen.**

MENEER TIMMERS **Vertelt u ons eens wat van uw vroegere werkzaamheden.**

MENEER SMIT **Toen ik van school ging, werkte ik als winkelbediende bij een kruidenier. Daarna had ik een baan als kantoorbediende bij een firma in de groothandel, en de laatste jaren heb ik als handelsreiziger in luxeartikelen gewerkt. Dat doe ik nog steeds.**

MENEER TIMMERS **Waarom wilt u van baan veranderen?**

MENEER SMIT **Omdat ik nu getrouwd ben. Mijn vrouw vond het niet erg in het begin, maar ze is nu in verwachting.**

MENEER TIMMERS **Ja, ja. Dat kan ik heel goed begrijpen. Mijn vrouw was ook zwanger toen ik ook zo'n baan opgaf. Uw huidige chef heeft een erg aardige brief over u geschreven.**

MENEER SMIT **O ja? We kunnen heel goed met elkaar opschieten.**

MENEER TIMMERS **Dat is natuurlijk belangrijk voor een manager. U zult inderdaad veel met uw personeel gemeen hebben. Dat is een groot voordeel. Ik bied u de baan aan.**

MENEER SMIT **En ik neem hem met plezier aan.**

10

*Interview*

MR TIMMERS  Come in, Mr Smit. Sit down. So you have applied for the post of sales manager.

MR SMIT  Yes, that is right.

MR TIMMERS  I see from your letter that you haven't much experience in this field.

MR SMIT  Not as a manager, no. But I do have wide experience of all kinds of jobs.

MR TIMMERS  Tell us something about your previous occupations.

MR SMIT  When I left school, I worked as a shop-assistant in a grocer's. Afterwards I had a job as a clerk with a firm in the wholesale business, and in recent years, I have worked as a commercial traveller in luxury goods. That's what I'm still doing.

MR TIMMERS  Why do you want to change jobs?

MR SMIT  Because I'm married now. My wife didn't mind at first, but now she's expecting a baby.

MR TIMMERS  Quite. I quite understand. My wife was also pregnant when I gave up a similar job. Your present boss has written a very nice letter about you.

MR SMIT  Has he? We get on very well together.

MR TIMMERS  That's important for a manager, of course. You will indeed have a lot in common with your staff. That's a great advantage. I'm offering you the job.

MR SMIT  And I accept it with great pleasure.

10

# Week 11

- the past perfect and conditional tenses
- cardinal and ordinal numbers
- dates, days of the week, months
- money
- weights and measures
- 'er' as an adverb of place ('there'), as a pronoun, etc
- relative clauses
- expressing purpose or function via 'om + te + infinitive'

## 57  PAST PERFECT TENSE ('I HAD DONE')

The past perfect tense uses the past tense of **hebben** or **zijn** + past participle, as in:

**Ik had al eerder in Amsterdam gewoond.**
I had lived in Amsterdam before.
**Zij was met de trein gegaan.**
She had gone by train.

The use of this tense corresponds to its use in English.

## 58  CONDITIONAL TENSE ('I WOULD DO')

This tense is like English 'would' + infinitive. It consists of the past tense of **zullen** + infinitive.

past tense
**zullen**

| | |
|---|---|
| **ik zou** | **wij zouden** |
| **jij zou** | **jullie zouden** |
| **u zou** | **u zou** |
| **hij zou** | **zij zouden** |

**Hij zou het vervelend vinden.**
He would find it boring.
**Als jullie mee konden rijden, zouden jullie naar het feest gaan.**
If you could have a lift, you would go to the party.

11

An important use of **zou** in Dutch is in polite requests. It is used where the English would say 'please?'

**Zou ik meneer Timmers kunnen spreken?**
Could I speak to Mr Timmers, please?
**Zou je dat voor me kunnen doen?**
Could you do that for me, please?
**Zou ik uw pen mogen lenen?**
Please may I borrow your pen?
**Zou je dat voor me willen doen?**
Would you do that for me, please?

A polite but less formal way of asking for something is to use the past tense of **willen** (i.e. **wou**) followed by **graag**, instead of **zou + willen**:

**Ik wou graag een kilo aardappelen.**
I would like a kilo of potatoes.
**Ik wou graag weten …**
I would like to know …

You will find these forms invaluable. Learn to adapt them to any situation in which you may find yourself.

## 59 NUMBERS

**1** Cardinal numbers (one, two, etc)

| | | | |
|---|---|---|---|
| 1 | **een** | 20 | **twintig** |
| 2 | **twee** | 21 | **eenentwintig** |
| 3 | **drie** | 22 | **tweeëntwintig** |
| 4 | **vier** | 30 | **dertig** |
| 5 | **vijf** | 40 | **veertig** |
| 6 | **zes** | 50 | **vijftig** |
| 7 | **zeven** | 60 | **zestig** |
| 8 | **acht** | 70 | **zeventig** |
| 9 | **negen** | 80 | **tachtig** |
| 10 | **tien** | 90 | **negentig** |
| 11 | **elf** | 100 | **honderd** |
| 12 | **twaalf** | 101 | **honderd een** |

| | | | |
|---|---|---|---|
| 13 | **dertien** | 121 | **honderd eenentwintig** |
| 14 | **veertien** | 200 | **tweehonderd** |
| 15 | **vijftien** | 222 | **tweehonderd** |
| | | | **tweeëntwintig** |
| 16 | **zestien** | 1000 | **duizend** |
| 17 | **zeventien** | 2222 | **tweeduizend** |
| | | | **tweehonderd** |
| 18 | **achttien** | | **tweeëntwintig** |
| 19 | **negentien** | 1,000,000 | **miljoen** |

By following the pattern shown for 20, 21, 22, the student will be able to form any number between 20 and 99. The smaller number precedes the unit of ten and the two are linked by **en** (**ën** when the number ends in **-e**). This is always written as one word. Note from 222 that the hundreds and tens are written separately, and from 2222 that the thousands, hundreds and tens are written separately.

**2** Ordinal numbers (first, second, etc)

| | | | |
|---|---|---|---|
| 1st | **eerste** | 15th | **vijftiende** |
| 2nd | **tweede** | 16th | **zestiende** |
| 3rd | **derde** | 17th | **zeventiende** |
| 4th | **vierde** | 18th | **achttiende** |
| 5th | **vijfde** | 19th | **negentiende** |
| 6th | **zesde** | 20th | **twintigste** |
| 7th | **zevende** | 21st | **eenentwintigste** |
| 8th | **achtste** | 30th | **dertigste** |
| 9th | **negende** | 100th | **honderdste** |
| 10th | **tiende** | 101st | **honderdeerste** |
| 11th | **elfde** | 121st | **honderdeenen-** |
| | | | **twintigste** |
| 12th | **twaalfde** | 1000th | **duizendste** |
| 13th | **dertiende** | 2222nd | **tweeduizend-** |
| 14th | **veertiende** | | **tweehonderd-** |
| | | | **tweeëntwintigste** |
| | | 1,000,000th | **miljoenste** |

Note that all ordinal numbers are written as one word.

## DATES, DAYS OF THE WEEK, MONTHS

To ask the date **(de datum)** in Dutch, say:

**De hoeveelste is het vandaag?**
What is the date today?

If the month is given, the cardinal number is used.
For example:

**Het is drie september.**
It is the third of September.

If the month is not given, the ordinal number is used.
For example:

**Het is de derde.** It is the third.

A date **(het jaartal)**, such as 1983, is spoken as
**negentien drieëntachtig**.

The days of the week are:

**maandag**
**dinsdag**
**woensdag**
**donderdag**
**vrijdag**
**zaterdag**
**zondag**

The months are:

**januari**
**februari**
**maart**
**april**
**mei**
**juni**
**juli**
**augustus**

**september**
**oktober**
**november**
**december**

Note that they are not written with a capital letter.

## 61 MONEY

The main unit of currency in Holland is the euro, written
€. It is divided into 100 cents **(centen)**. **Euros** and
**centen** are both used in the singular when quoting
amounts.

| | |
|---|---|
| €0.05 | **vijf cent** |
| € 0.10 | **tien cent** |
| €0.25 | **vijfentwintig cent** |
| €1.00 | **een euro** |
| €2.00 | **twee euro** |
| €2.50 | **twee euro vijftig** |
| €10.00 | **tien euro** |

## 62 WEIGHTS AND MEASURES

These are metric and will probably be familiar to you.
Look out for any differences in spelling:

| | | | |
|---|---|---|---|
| **het gram** | = | 1 gram | |
| **het ons** | = | 100 gram | |
| **het pond** | = | 500 gram | = **een half kilo** |
| **het kilo** | = | 1000 gram | |

The units are always used in the singular when quoting
amounts.

For example:
**250 gram = twee en een half ons = een half pond**

**de centimeter** =   centimetre

**de meter** = metre
**de kilometer** = kilometre

These are also always used in the singular after a number.

## VOCABULARY

| | |
|---|---|
| **anderhalf** | one and a half |
| **bedenken** | think of |
| **het bevalt me** | it pleases me, I like it |
| **de biefstuk** | rump steak |
| **de boter** | butter |
| **een briefje van  10** | a ten euro note |
| **een dagje uit** | a day trip, a day out |
| **de datum** | date |
| **Duitsland** | Germany |
| **Frankrijk** | France |
| **het gehakt** | mince, minced meat |
| **het jaartal** | date (= year) |
| **de kaas** | cheese |
| **de keer** | time |
| **naar zijn zin** | to one's liking |
| **ik had het naar mijn zin** | it was to my liking |
| **nog iets** | something else |
| **de schoonmoeder** | mother-in-law |
| **de slager** | butcher |
| **Spaans** | Spanish |
| **Spanje** | Spain |
| **de Spanjaard** | Spaniard |
| **terugkrijgen (strong)** | get back, be given as change |
| **thee/koffie zetten** | make tea/coffee |
| **vaak** | often |
| **met vakantie gaan** | go on holiday |
| **met vakantie zijn** | be on holiday |
| **van ... vandaan** | from (when giving distance) |
| **vergelijken met** | compare with |
| **wisselen** | change |

11

## Exercise 54

Translate the following sentences into English:

1 Ik was te vroeg aangekomen.
2 De trein was op tijd vertrokken.
3 Had je de wijn al besteld?
4 Wij hadden tien kilometer gereden.
5 De slager had mij drie ons gehakt gegeven.
6 Ik was in juni bij mijn schoonmoeder op bezoek geweest.
7 Ze zei dat ze twaalf euro vijftig had betaald.
8 Zij waren in september naar Duitsland met vakantie gegaan.

## Exercise 55

Translate the following sentences into English:

1 Zou ik uw paraplu mogen lenen?
2 Jullie zouden in augustus met vakantie kunnen gaan.
3 Zou je de deur dicht kunnen doen?
4 Als wij genoeg geld hadden, zouden wij naar de film gaan.
5 Ik wou graag anderhalf pond kaas.
6 Zou dat meer dan tien euro's kosten?
7 Zou je thee willen zetten?
8 Zou ik de secretaresse kunnen spreken?

11

## Exercise 56

Translate the following sentences into Dutch:

1 He had seen that film already.
2 They had given her a present.
3 Had you (formal) applied for many jobs?
4 Please may I borrow your (singular) bicycle?
5 Their house is five kilometres from the station.
6 I would like half a kilo of butter, please.
7 He said he had been in England.
8 Could you (singular) give me that pen, please?
9 She said it would cost twenty-two euros.
10 If they had a car, they would come along.

11

# Drills

**1** Stimulus-response drill

S  Het is vandaag drie september.
R  Ja, het is de derde.

S  Het is vandaag negen mei.
R  Ja, het is de negende.

S  Het is vandaag eenentwintig maart.
R  Ja, het is de eenentwintigste.

S  Het is vandaag elf januari.
R  Ja, het is de elfde.

S  Het is vandaag drieëntwintig oktober.
R  Ja, het is de drieëntwintigste.

S  Het is vandaag veertien februari.
R  Ja, het is de veertiende.

S  Het is vandaag vier juni.
R  Ja, het is de vierde.


**2** Stimulus-response drill

S  Twee boeken?
R  Nee, drie boeken.

S  Zes pennen?
R  Nee, zeven pennen.

S  Negentien bomen?
R  Nee, twintig bomen.

S  Elf kranten?
R  Nee, twaalf kranten.

S  Vijftigmensen?
R  Nee, eenenvijftig mensen.

S  Dertien broodjes?
R  Nee, veertien broodjes.

S  Acht auto's?
R  Nee, negen auto's.

11

*Frankrijk? Spanje? Of Zandvoort?*

| | |
|---|---|
| MEVR ZWART | Goede morgen, meneer de Wit. Hoe gaat het met u? Leuke vakantie gehad? |
| MENEER DE WIT | Nou, ik vind Spanje niks bijzonders. Behalve dan het weer. Maar we waren al vaak naar Frankrijk gegaan. |
| MEVR ZWART | Ik wou graag .... |
| MENEER DE WIT | Zegt u het maar, mevrouw. ... En dat Spaanse eten is niks vergeleken met het Franse. |
| MEVR ZWART | Ik zou graag een pond gehakt willen hebben. |
| MENEER DE WIT | Vijfhonderd gram gehakt. Geef mij maar een lekkere biefstuk zoals we in Frankrijk hebben gehad. Was er nog iets? |
| MEVR ZWART | Nee. Dat was het dus. Ik dacht dat u het daar niet naar uw zin had gehad. |
| MENEER DE WIT | Ja, dat hadden wij toen ook gedacht, maar ik zou nu nooit naar Spanje teruggaan. Zes euro vijftig. |
| MEVR ZWART | Ik heb alleen maar een briefie van twintig euro. Alstublieft. |
| MENEER DE WIT | Dank u wel. Ik kan het makkelijk wisselen. Dat is dus dertien euro vijftig terug. Bent u al met vakantie geweest? |
| MEVR ZWART | Ik zou het graag willen. Misschien een dagje uit naar het strand. Dat zou de kinderen heel goed bevallen, meneer de Wit. Waarom had ik dat niet eerder bedacht? Ik zal ze mee in de trein naar Zandvoort nemen. Dank u wel! Dag! |

**11**

*France? Spain? Or Zandvoort?*

MRS ZWART  Good morning, Mr de Wit. How are you? Did you have a nice holiday?

MR DE WIT  Well, I don't think Spain's up to much. Except for the weather. But we'd already been to France so many times.

MRS ZWART  Could I have ....

MR DE WIT  What can I do for you? ... And Spanish food is nothing compared to French food.

MRS ZWART  Could I possibly have a pound of mince?

MR DE WIT  Five hundred grammes of mince. Give me a tasty steak like we had in France any day. Was there anything else?

MRS ZWART  No. That's all. I thought you hadn't liked it there.

MR DE WIT  Yes, that's what we'd thought at the time, too, but I'd never go back to Spain. Six euros fifty cents.

MRS ZWART  I've only got a twenty-euro note. Here you are.

MR DE WIT  Thank you. I can easily change it. That's thirteen euros fifty cents change. Have you already been on holiday?

MRS ZWART  I would really like to. Perhaps a day trip to the beach. That would really please the children, Mr de Wit. Why hadn't I thought of that before? I shall take them with me in the train to Zandvoort. Thank you very much. Bye-bye.

11

## 63 USES OF 'ER'

You have already encountered this word in two of its functions, when it means either 'it' or 'there'. However, it is important to remember that in fact, **er** has four separate functions.

**1** As an adverb of place meaning 'there':

**Ze heeft er vier jaar gewoond.**
She lived there for four years.

Note that **er** can precede an adverbial expression of time. **Er** only occurs in unstressed positions. In stressed positions, such as at the beginning of a sentence, **er** is replaced by **daar**:

**Daar heeft ze vier jaar gewoond.**
She lived there lor four years.

**2** **Er** is also used as a pronoun. The pronouns **het, hem** and **ze** referring to things cannot be used after prepositions in Dutch, and the construction **er** + preposition is employed instead. It can either be written as one word:

**De kinderen spelen vaak ermee.**
The children often play with it.
**Ik heb een half uur erop gewacht.**
I've waited for it for half an hour.

or be separated by other items such as adverbial expressions:

**De kinderen spelen er vaak mee.**
**Ik heb er een half uur op gewacht.**

In this function, **er** can be replaced by **daar** which is translated by 'that':

**De kinderen spelen daar vaak mee.**
The children often play with that.

It can also be replaced by **hier**, which is translated by 'this':

**De kinderen spelen hier vaak mee.**
The children often play with this.

**Er** is replaced by **waar** when asking a question:

**Waar spelen de kindteren mee?**
What are the children playing with?

**3 Er** is also used when talking about a quantity or amount of something and is translated by 'of it' and 'of them':

**Hoeveel kaarten heb je? Ik heb er vier.**
How many tickets have you got? I've got four (of them).
**Ik heb er genoeg gehad.**
I've had enough (of it/them).

Note that er must be present in Dutch, although 'of it/them' is usually omitted in English.

**4 Er** can also be the equivalent of the English 'there' in sentences with an indefinite subject ('there are','there is'):

**Er staat een man op de hoek.**
There is a man standing on the corner.
**Vanmorgen was er geen melk in de koelkast.**
There was no milk in the fridge this morning.

In a question, **er** and the verb are inverted:

**Is er geen melk in de koelkast?**
Is there no milk in the fridge?

11

Relative clauses are introduced by relative pronouns and have the same word order as subclauses (see section 50). A relative clause supplies information about a preceding noun.

**1** In Dutch, the demonstratives **die** and **da**t also function as relative pronouns.

**die** is used to refer back to all people, singular common nouns and all plurals:

**Kent u de man die daar op de hoek staat?**
Do you know the man who is standing there on the corner?
**Hier is de jurk die ik gisteren gekocht heb.**
Here is the dress (which) I bought yesterday.
**Hoe vind je de tekeningen die ik zelf heb gemaakt?**
What do you think of the drawings (which) I did myself?

**dat** is used to refer to singular neuter nouns:

**Het boek dat ik pas gelezen heb, is uitstekend.**
The book (which) I have just read is excellent.
**Hier is het huis dat zij kopen wil.**
Here is the house (that) she wants to buy.

Note that the relative pronoun must be present in Dutch whereas 'who/which/that' may be left out in English.

**2** When the relative clause refers to people and the relative pronoun is preceded by a preposition, **die** is replaced by **wie**.

**De jongen aan wie ze het geld gaf, is haar broer.**
The boy to whom she gave the money is her brother.
**De man van wie dit huis is, heeft tien katten.**
The man whose house this is has ten cats.

**11**

**3** When the relative clause refers to things and a preposition is used, it is introduced by **waar** + preposition:

**De pen waarmee ik schrijf, is van hem.**
The pen I am writing with is his.
**De cd's waarnaar jullie luisteren zijn nieuw.**
The CDs you are listening to are new.

## 65 OM + TE + INFINITIVE

This construction has two main functions:

**1** To express a purpose:

**Wij gaan naar Den Haag om het Parlementsgebouw te zien.**
We are going to The Hague to see the parliament building.
**Hij heeft een bosje bloemen gekocht om haar op te vrolijken.**
He bought a bunch of flowers (in order) to cheer her up.

**2** To describe the function of a preceding noun:

**Een tas om boeken in te dragen.**
A bag for carrying books in.
**Dat is geen mes om brood mee te snijden.**
That isn't a knife for cutting bread.

Note that **om** introduces the construction, and that the infinitive, immediately preceded by **te**, is always in final position.

There are many other cases – when neither purpose nor a function of a preceding noun is expressed – where this construction is used, but **om** can be left out.

11

For example:

**Vergeet niet (om) te komen.**
Don't forget to come.
**Hij weigerde (om) het te doen.**
He refused to do it.
**Wij zijn van plan (om) naar een concert te gaan.**
We are intending to go to a concert.

## VOCABULARY

| | |
|---|---|
| **de afspraak** | appointment |
| **de a'genda** | diary |
| **de bank** | bank; settee |
| **de bloem** | flower |
| **het con'cert** | concert |
| **dank u** | thank you |

Warning! This is often used when refusing something, so it can be equivalent to 'No, thank you'.

| | |
|---|---|
| **de direc'teur** | director, headmaster, manager |
| **he'laas** | unfortunately |
| **jee** | oh dear |
| **lo'geren** | stay |
| **de melk** | milk |
| **het mes** | knife |
| **het ontbijt** | breakfast |
| **opvrolijken** | cheer up |
| **het pa'pier** | paper |
| **het postkantoor** | post office |
| **de postzegel** | stamp |
| **de re'actie (op)** | reaction (to) |
| **het schepje** | spoonful |
| **scherp** | sharp |
| **snijden (strong)** | cut |
| **de suiker** | sugar |
| **de tekening** | drawing |
| **tweede'hands** | second hand |
| **van plan zijn** | intend |
| **het volgende** | the following |
| **vrij** | free |
| **wandelen** | walk, go for a walk |
| **weigeren** | refuse |

11

## Exercise 57

Translate the following sentences into English:

1 Ze hebben er jaren gewoond.
2 Er loopt een meisje in de straat.
3 Hij logeert er vaak.
4 Was er genoeg brood voor het ontbijt?
5 Hier is een mes. Kun je daar vlees mee snijden?
6 Hoeveel postzegels wilt u? Ik heb er drie nodig.
7 Vindt u koffie lekker? Nee ik houd er niet van.
8 Nog een schepje suiker? Dank u, ik heb er al twee gehad.
9 Hebben jullie een radio? Ja, maar we luisteren er nooit naar.
10 Waren er veel mensen in het postkantoor? Er waren er een paar.

## Exercise 58

Translate the following sentences into English:

1 De jongen die daar staat, is mijn broer.
2 Dat zijn de mensen bij wie hij logeert.
3 Ze weigerde om mee te gaan.
4 Ik ga naar het postkantoor om postzegels te kopen.
5 De tekening die boven de bank hangt, is erg mooi.
6 Hier is het tafeltje dat ik tweedehands gekregen heb.
7 Het is geen park om in te wandelen.
8 Dit zijn de bloemen waar ze het meest van houdt.
9 De messen die op tafel liggen, zijn niet scherp.
10 Zie je die stoel waar de poes op zit? Die is van mijn zus.

11

## Exercise 59

Translate the following sentences into Dutch:

1 There is a kitten playing in the garden.
2 Have you (formal) got a stamp? Yes, I've got two.
3 Where is the radio? The children are listening to it.
4 The people she is talking to are very kind.
5 The house they live in is too big.
6 I need a bottle of milk. Haven't you (singular)
  got any?
7 They sat there all afternoon.
8 Take the cup which is on the table.
9 The neighbours who live in the small house
  are very friendly.
10 Here is the park in which we like to walk.
11 This is the man to whom I gave the money.
12 He did it in order to get rich.

11

## Drills

**1** Substitution drill

| | |
|---|---|
| Dit is het **boek** dat ik gezocht heb. | **krant** |
| Dit is de **krant** die ik gezocht heb. | **brieven** |
| Dit zijn de **brieven** die ik gezocht heb. | **mes** |
| Dit is het **mes** dat ik gezocht heb | **kopjes** |
| Dit zijn de **kopjes** die ik gezocht heb. | **pen** |
| Dit is de **pen** die ik gezocht heb. | **tekeningen** |
| Dit zijn de **tekeningen** die ik gezocht heb. | **geld** |
| Dit is het **geld** dat ik gezocht heb. | **papieren** |
| Dit zijn de **papieren** die ik gezocht heb. | **tas** |
| Dit is de **tas** die ik gezocht heb. | |

**2** Stimulus-response drill

S  Staat de radio op de tafel?
R  Ja, hij staat erop.

S  Staan de kopjes in de kast?
R  Ja, ze staan erin.

S  Staat de fiets tegen de boom?
R  Ja, hij staat ertegen.

S  Staat de auto voor het huis?
R  Ja, hij staat ervoor.

S  Ligt het boek onder de bank?
R  Ja, het ligt eronder.

S  Ligt de tuin achter het huis?
R  Ja, hij ligt erachter.

S  Staat de koelkast naast het raam?
R  Ja, hij staat ernaast.

11

*Een onwelkome afspraak*

| | |
|---|---|
| MEVR WILLEMS | **Met mevrouw Willems.** |
| MENEER DE HAAN | **Met Peter de Haan. Zou ik meneer de Jong kunnen spreken?** |
| MEVR WILLEMS | **Met wie spreek ik?** |
| MENEER DE HAAN | **Ik ben Peter de Haan. Meneer de Jong had beloofd om mij op te bellen, maar ik heb nog niets van hem gehoord.** |
| MEVR WILLEMS | **Bent u de meneer die die tweedehands auto wil kopen?** |
| MENEER DE HAAN | **Helaas niet, mevrouw. Ik ben de directeur van de bank. Ik heb uw chef een paar brieven geschreven, maar ik heb er geen reactie op gekregen.** |
| MEVR WILLEMS | **Het spijt mij, maar meneer de Jong is er vandaag niet. Ik ben zijn secretaresse. Kan ik u helpen? Ik weet wel dat hij van plan was om u schrijven, maar vandaag heeft hij een afspraak die erg belangrijk is.** |
| MENEER DE HAAN | **Is hij morgen middag vrij?** |
| MEVR WILLEMS | **Eh … Dat weet ik niet zeker.** |
| MENEER DE HAAN | **U bent zijn secretaresse, toch? Heeft hij geen agenda?** |
| MEVR WILLEMS | **Jawel, natuurlijk … maar hij schrijft er niet alles in.** |
| MENEER DE HAAN | **Zou u zo goed willen zijn om het volgende erin te schrijven: morgen, woensdag dus, om drie uur 's middags, afspraak met meneer de Haan bij hem – Firma de Jong, dus. Dank u wel. Dag, mevrouw.** |
| MEVR WILLEMS | **Dag! O jee!** |

**11**

*An unwanted appointment*

| | |
|---|---|
| MRS WILLEMS | Mrs Willems speaking. |
| MR DE HAAN | This is Peter de Haan. Could I speak to Mr de Jong, please? |
| MRS WILLEMS | Who is that speaking? |
| MR DE HAAN | I am Peter de Haan. Mr de Jong had promised to give me a ring, but I haven't heard anything from him yet. |
| MRS WILLEMS | Are you the gentleman who wants to buy that second hand car? |
| MR DE HAAN | I'm afraid not. I am the bank manager. I've written your employer a few letters, but I've had no reaction to them. |
| MRS WILLEMS | I'm sorry, but Mr de Jong isn't in today. I'm his secretary. Can I help you? I do know that he was intending to write to you, but he has an appointment today which is very important. |
| MR DE HAAN | Is he free tomorrow afternoon? |
| MRS WILLEMS | Er … I'm not sure. |
| MR DE HAAN | But you are his secretary, aren't you? Doesn't he have a diary? |
| MRS WILLEMS | Yes, of course … but he doesn't write everything down in it. |
| MR DE HAAN | Would you be so kind as to write the following down in it: tomorrow – Wednesday, that is, at three o'clock in the afternoon at his office – at de Jong's, that is. Thank you. Goodbye. |
| MRS WILLEMS | Goodbye. Oh dear! |

11

# Week 12

As well as revision exercises, you'll find:
- the passive of verbs
- the present participle
- expressions of time

## 66 THE PASSIVE

So far, you have only encountered active sentences such as:

**Hij legt het bord op de tafel.**
He puts the plate on the table.

Active sentences are related to passive sentences in the following way: the object of the active sentence **(het bord)** is the subject of the passive sentence.

For example:
**Het bord wordt door hem op de tafel gelegd.**
The plate is put on the table by him.

**1** The present tense of the passive verb is formed using the present tense of the auxiliary **worden** + past participle. Here it is in full using **uitnodigen** (to invite) as an example:

| | |
|---|---|
| ik word uitgenodigd | wij worden uitgenodigd |
| jij wordt uitgenodigd | jullie worden uitgenodigd |
| u wordt uitgenodigd | u wordt uitgenodigd |
| hij wordt uitgenodigd | zij worden uitgenodigd |

In a passive sentence the auxiliary verb agrees with the subject and the past participle is in final position. The word **door** is equivalent to the English 'by'. Thus:

**Wij worden door de buren op een dineetje uitgenodigd.**
We are invited to dinner by the neighbours.

**2** The passive of the simple past is formed using the past tense of **worden** + past participle. The past tense of

**worden**, which is a strong verb, is **werd** in the singular and **werden** in the plural. For example:

**Wij werden door de buren op een feest uitgenodigd.**
We were invited to a party by the neighbours.
**Het jongetje werd door zijn moeder gewassen.**
The little boy was washed by his mother.

**3** In the passive of the perfect tenses, a different auxiliary verb is used: **zijn**. The present tense of this auxiliary is used to form the present perfect.
For example:

**Wij zijn door de buren op een diner uitgenodigd.**
We have been invited to dinner by the neighbours.
**Het jongetje is door zijn moeder gewassen.**
The little boy has been washed by his mother.

The past tense of **zijn** is used to form the past perfect:

**Wij waren door de buren op een diner uitgenodigd.**
We had been invited to dinner by the neighbours.
**Het jongetje was door zijn moeder gewassen.**
The little boy had been washed by his mother.

**4** Dutch also has an impersonal passive construction introduced by **er** with no subject present. It has no grammatical equivalent in English. It conveys that the action denoted by the verb is being carried out by no particular person.

**Er wordt hier hard gewerkt.**
Hard work is done here.
**Er werd veel gelachen.**
There was a lot of laughing.

12

**Er** can also introduce a passive sentence with an indefinite subject. This is a similar construction to the one discussed in week 11, section 63.

**Er worden tweedehands meubels op de markt verkocht.**
Second-hand furniture is sold in the market.
**Er werd die avond geen bier gedronken.**
No beer was drunk that evening.

## 67 THE PRESENT PARTICIPLE ('GOING', 'DOING')

You have already encountered many English constructions with '-ing' which are rendered in various ways, as for instance in section 52. The present participle in Dutch is equivalent to the English verb form with '-ing', although it is not used as frequently. It is formed by adding -**d(e)** to the infinitive:

| | |
|---|---|
| **lopend** | walking |
| **gaande** | going |
| **huilend** | crying |
| **zijnde** | being |

It is commonly used as an adjective when **-e** is added according to the rules given for adjectives (see week 7, section 35).

| | |
|---|---|
| **volgend jaar** | next year |
| **volgende week** | next week |
| **de lopende band** | conveyor belt |
| **werkende vrouwen** | working women |

It is also used as an adverb of manner when the **-e** ending is optional.

**Hij kwam ons lachend tegemoet.**
He came towards us laughing.
**Al doende leert men.**
Practice makes perfect.

**12**

| | |
|---|---|
| **Hoe laat is het?** | What time is it? |
| **Het is vijf uur.** | It is five o'clock. |
| **Het is kwart over vijf.** | It is quarter past five. |
| **Het is kwart voor zes.** | It is quarter to six. |
| **Het is half zes.** | It is half past five. |

Note that when giving the half hour, Dutch looks forward to six whereas English looks back to five.

In Dutch, the clock is divided up into quarters and time is measured up to the quarter hour:

1st quarter

| | |
|---|---|
| **Het is vijf over negen.** | It is five past nine. |
| **Het is tien over negen.** | It is ten past nine. |

2nd quarter

| | |
|---|---|
| **Het is tien voor half tien.** | It is twenty past nine. |
| **Het is vijf voor half tien.** | It is twenty-five past nine. |

3rd quarter

| | |
|---|---|
| **Het is vijf over half tien.** | It is twenty-five to ten. |
| **Het is tien over half tien.** | It is twenty to ten. |

4th quarter

| | |
|---|---|
| **Het is tien voor tien.** | It is ten to ten. |
| **Het is vijf voor tien.** | It is five to ten. |

NOTE: The 24-hour clock is used for official times, such as those given in railway timetables.

**de minuut** and **de seconde** are used in the plural after numbers. For example:

**Ik heb tien minuten gewacht.**
I waited for ten minutes.

**But het uur** (hour) and **het kwartier** (quarter of an hour) are used in the singular after numbers.

**12**

For example:

**We hebben vier uur in de trein gezeten.**
We were in the train for four hours.
**Hij heeft drie kwartier in de rij gestaan.**
He queued for three-quarters of an hour.

Note that expressions of time in Dutch are never preceded by an equivalent of English 'for'.

## VOCABULARY

| | |
|---|---|
| **aanzetten** | switch on |
| **afslaan** | cut out (engine) |
| **de a'gent** | policeman |
| **bellen** | ring (the doorbell) |
| **de benzine** | petrol |
| **het benzinestation** | petrol station |
| **door** | through; by |
| **hoe komt het dat ...?** | how is it that ...? how come ...? |
| **juist** | correct, right, exact |
| **klaarmaken** | get ready, prepare |
| **de kroeg** | pub |
| **aan de linkerkant** | on the left-hand side |
| **links** | on the left |
| **links'af** | to the left |
| **merken** | notice |
| **het meubel** | piece of furniture |
| **de motor** | engine; motor bike |
| **om** | at (a particular time); round |
| **om een uur of tien** | at about ten o'clock |
| **op'zettelijk** | on purpose |
| **pas** | not until |
| **de po'litie** | police |
| **de politieauto** | police car |
| **aan de rechterkant** | on the right-hand side |
| **rechts** | on the right |
| **rechtsaf** | to the right |
| **de repa'ratie** | repair |
| **de richting** | direction |

**12**

| | |
|---|---|
| **ruzie hebben** | have a row |
| **slaande ruzie hebben** | have a blazing row |
| **schat** | darling |
| **het stuur** | steering-wheel |
| **tanken** | fill up (with petrol) |
| **het tankstation** | filling station |
| **tege'moetkomen** | come to meet, come towards |
| **de terugweg** | way back |
| **het uitmaken** | break it off (a relationship) |
| **uitzetten** | switch off |
| **het verkeer** | traffic |

## Exercise 60

Write out the following times in full in Dutch:

1 o'clock, 10.25, 9.15, 2.30, 4.35, 11.45, 3.55, 6.10, 8.40, 5.05

**12**

## Exercise 61

Translate the following sentences into English:

1 De auto wordt gewassen.
2 Het bord werd gebroken.
3 De tv is aangezet.
4 De radio was uitgezet.
5 De kinderen worden om zeven uur door hun moeder naar bed gebracht.
6 Het ontbijt werd door vader klaargemaakt.
7 Er zijn twee kleine katjes in de tuin gevonden.
8 We worden door de buren op een diner gevraagd.
9 Werd je vaak naar het museum meegenomen?
10 Er werd de hele avond naar cd's geluisterd.
11 Door wie is het huis gekocht?
12 Er wordt gebeld.
13 Het huilende meisje werd door de agent naar huis gebracht.
14 De hond rende blaffend door het park.

## Exercise 62

Translate the following sentences into Dutch:

1 The evening meal is being prepared.
2 My pen was borrowed by the teacher.
3 The kitten has been saved by the policeman.
4 The bill had been paid by my sister.
5 The play is well acted.
6 Tea was made.
7 The tickets have all been sold.
8 A lot of money had been spent.
9 Has the dress been washed before?
10 The sleeping dog has been lying on the carpet for hours.

12

## Drills

**1** Stimulus-response drill

S  Begint de film om vier uur?
R  Nee, die begint om vijf over vier.

S  Begint de film om tien over acht?
R  Nee, die begint om kwart over acht.

S  Begint de film om vijf voor half zeven?
R  Nee, die begint om half zeven.

S  Begint de film om vijf over half drie?
R  Nee, die begint om tien over half drie.

S  Begint de film om kwart voor zes?
R  Nee, die begint om tien voor zes.

S  Begint de film om half tien?
R  Nee, die begint om vijf over half tien.

S  Begint de film om vijf voor acht?
R  Nee, die begint om acht uur.


**2** Stimulus-response drill

S  Wordt de brief geschreven?
R  Hij is al geschreven.

S  Worden de ramen gewassen?
R  Ze zijn al gewassen.

S  Worden jullie uitgenodigd?
R  We zijn al uitgenodigd.

S  Word jij betaald?
R  Ik ben al betaald.

S  Worden de muren geschilderd?
R  Ze zijn al geschilderd.

S  Wordt de lunch klaargemaakt?
R  Hij is al klaargemaakt.

S  Wordt het huis verkocht?
R  Het is al verkocht.

12

*Rij jij of rij ik?*

HUIB   Hoe komt het dat wij uitgenodigd zijn en
       Peter niet? Heeft Claudia het uitgemaakt?

MARJAN Huib! Hebben we geen benzine nodig? Je
       zei toch dat we moesten tanken.

HUIB   Ja, maar het is nog tien minuten rijden,
       en dan zijn we er.

MARJAN Vergeet niet dat we ook terug moeten
       gaan. Hier aan de linkerkant is een
       tankstation. Stoppen!

HUIB   Ik kan niet zo maar linksaf gaan. Er kwam
       verkeer uit de andere richting. En we
       worden door een politieauto gevolgd.

MARJAN Jij zit achter het stuur, schat. Jij moet het
       weten. Maar luister eens, als je nu niet
       tankt, dan rij ik niet op de terugweg.

HUIB   Maar dan kan ik niets drinken.

MARJAN Juist. Hoe laat gaan de benzinestations
       dicht?

HUIB   Om een uur of elf. Wij zullen pas om een
       uur of twaalf weggaan. Kijk! Daar heb je
       een garage!

MARJAN Er wordt geen benzine verkocht. Het is
       alleen maar voor reparaties. Wist je niet dat
       Peter en Claudia al wekenlang ruzie
       hebben? Slaande ruzie.

HUIB   Ik had wel iets gemerkt. Waarom?

MARJAN Ze wordt door hem veel te veel alleen
       gelaten. Hij gaat veel met zijn vriendjes
       naar de kroeg. Hé! Waarom stop je nou
       hier?

HUIB   Ik stop niet opzettelijk. Eh ... de motor
       slaat af. Ik denk .... Hé! Marjan! Waar ga je
       naartoe, schat? !

**12**

*Who's driving? You or me?*

HUIB   How come we have been invited and not Peter? Has Claudia broken it off?

MARJAN   Huib! Don't we need some petrol? Didn't you say we had to fill up?

HUIB   Yes, but it's another ten minutes' driving, and then we're there.

MARJAN   Don't forget that we've got to go back as well. Here's a filling station on the left. Stop!

HUIB   I can't just turn off to the left like that. There was traffic coming from the other direction. And we're being followed by a police car.

MARJAN   You're behind the wheel, darling. You know best. But listen here, if you don't fill up now, then I won't drive on the way back.

HUIB   But then I won't be able to drink anything.

MARJAN   Quite. What time do the petrol stations close?

HUIB   At about eleven o'clock. We won't be leaving until about twelve. Look! There's a garage!

MARJAN   They don't sell petrol. It's only for repairs. Didn't you know that Peter and Claudia have been quarrelling for weeks? Like cats and dogs.

HUIB   I had noticed. Why?

MARJAN   She's left on her own by him far too much. He goes to the pub a lot with his mates. Hey! Whatever are you stopping here for?

HUIB   I'm not stopping on purpose. Er ... the engine's cutting out. I think .... Hey! Marjan! Where are you going, darling?

**12**

## Revision exercises 4

### Exercise 1

Join the two sentences using a conjunction from the list, changing the word order where necessary.

Wanneer, omdat, nadat, als, totdat, toen.

1 Ik doe het. ... Ik vind het belangrijk.
2 ... We hebben gewinkeld. We gaan lunchen.
3 Ik blijf hier. .... Je voelt je beter.
4 ... Hij was jong. Hij woonde in Utrecht.
5 ... Je vindt dat leuk. Ik zal je meenemen naar het theater.
6 ... Het is mooi weer. We gaan in de tuin zitten.

### Exercise 2

Put into indirect speech:

For example:
Anneke zegt: 'Ik houd van appeltaart.'→ Anneke zegt dat ze van appeltaart houdt.

1 Piet zegt: 'Ik verdien niet genoeg.'
2 Mijn ouders zeggen: 'Je moet hard werken.'
3 De leraar vraagt: 'Heeft Jan hard gewerkt?'
4 Mijn broer zegt: 'Ik ga een nieuwe auto kopen.'
5 De buren zeggen: 'Die hond blaft te veel.'
6 De kinderen vragen: 'Gaat de poes mee op vakantie?'

12

### Exercise 3

Put the infinitive into the simple past tense.

We (gaan) naar het theater om het nieuwe toneelstuk te zien. Ik (vinden) het goed geacteerd, maar mijn vriendin (vinden) het saai. Zij (willen) na de pauze al naar huis gaan, maar ik (zeggen) dat ik (willen) blijven. De kaartjes (zijn) duur en ik (hebben) het naar mijn zin. Mijn vriendin (blijven) toch tot het einde en (zijn) erg blij omdat ze een hele bekende acteur (zien) onder het publiek.

### Exercise 4

Fill in the gaps:

Als ik geld had, … ik een maand met vakantie gaan. Ik zou …. Spanje gaan … mijn Spaans te gebruiken. Het enige probleem is dat ik niemand ken … mee zou kunnen gaan. Ik denk dat ik … erg alleen zou voelen. Er … wel eens gezegd dat je met een goed boek nooit alleen bent, maar ik … het niet. Een maand … wel erg lang. Ik … natuurlijk iemand kunnen zoeken … twee weken vrij … nemen. Dan … ik voor ons allebei kunnen betalen, als ik zelf maar twee weken weg zou blijven.

Helaas … ik geen geld. Misschien moet ik iemand zoeken mij meeneemt!

# Reading practice

The following passages have been graded not according to vocabulary, but according to the grammatical constructions they contain. The most important new words and phrases are listed after the text in the order in which they occur. It is always advisable to go through the vocabulary before reading the passage.

**A** after the title of the passage indicates that the passage mainly contains grammar covered in Weeks 1–8. All the sentences are short and simple. Rating: easy.

**B** after the text indicates that the passage contains grammatical constructions from all of the course. The sentences are short and relatively simple. Rating: moderately difficult.

**C** after the text indicates that the passage contains grammatical constructions from all the chapters, especially those discussed in Weeks 8–12. The sentences are longer and complex in construction. Rating: difficult.

## 1 Lang en groen (A)  Long and green

Jan-Willem en Roos mogen bij Madelief eten.

Ze staan in de keuken. Ze helpen Madeliefs moeder bij het koken. Jan-Willem en Roos schillen aardappelen. Madelief breekt sperziebonen doormidden. Ze gooit ze daarna in een pan met water.

'Ik weet een raadsel,' zegt Madelief. 'Het is groen, het is lang, het is een plant en je kunt het eten.'

'Een sperzieboon,' zegt Jan-Willem.

Dat is vervelend. Jan-Willem heeft het meteen goed geraden.

'Nee,' jokt Madelief. 'Mis, dat is niet goed.'

Ze probeert gauw iets anders te bedenken dat lang en groen is.

'Doperwten,' zegt Roos.

'Die zijn niet lang.'

'Prei,' zegt Jan-Willem.

'Dat is niet helemaal groen. Dat is wit aan het eind.'

'Tuinbonen,' zegt Roos.

'Nee.'

'Komkommer,' zegt Jan-Willem.

'Nee.'

Ze raden veel te snel. Madelief kan niks bedenken wat lang en groen is. Roos en Jan-Willem weten ook niks meer.

'Zeg het maar,' zegt Roos.

Madelief zegt niks.

'Haha, je weet het zelf niet eens,' schreeuwt Jan-Willem.

'Jawel,' zegt Madelief, 'het is een wortel.'

Jan-Willem en Roos zijn even stil.

'Dat kan niet,' zegt Jan-Willem dan. 'Een wortel is oranje.'

'Maar hij is wél lang en je kunt hem eten,' zegt Roos.

'Dat groen, dat zei ik maar om het moeilijker te maken,' zegt Madelief.

'O,' zegt Jan-Willem.

Hij denkt na. Dan zegt hij: 'Ik heb ook een raadsel. Het is rood, het is dom en het begint met een M.'

Roos en Madelief begrijpen er niets van.

Maar plotseling begint Roos te lachen.

' 't Is Madelief,' grinnikt ze. 'Dat begint met een M.'

'Precies,' zegt Jan-Willem. 'Knap hoor.'

'Rood en dom,' zegt Madelief rood van kwaadheid. 'Jij maakt het té moeilijk.'

Ze smijt de sperziebonen zo hard in het water dat het spat.

(From Guus Kuijer: *Met de poppen gooien* published by Em Querido's Uitgeverij bv, Amsterdam 1975)

## VOCABULARY

| | |
|---|---|
| **schillen** | peel |
| **de sperzieboon** | French bean |
| **doormidden** | in half |
| **gooien** | throw |
| **het raadsel** | riddle |
| **groen** | green |
| **raden** | guess |
| **jokken** | fib |
| **mis** | wrong |
| **gauw** | quickly |

| | |
|---|---|
| **de doperwt** | pea |
| **de prei** | leek |
| **de tuinboon** | runner bean |
| **de komkommer** | cucumber |
| **niks = niets** | nothing |
| **schreeuwen** | shout, yell |
| **de wortel** | carrot |
| **hij denkt na** | he thinks it over |
| **plotseling** | suddenly |
| **grinniken** | snigger |
| **de kwaadheid** | anger |
| **smijten** | fling, throw |
| **spatten** | splash |

## 2 De gestranden (A)  Stranded!

'Mag ik deze rotsen meenemen pap?'

'Nou, dat wordt een beetje te zwaar Kasper, in de koffer.'

'Maar het zijn echte edelstenen, want dat zei je zelf.'

'Ja Kas, dat weet ik, maar laat ze toch maar hier.'

'Hoe laat gaan we weg pap?'

'Over een half uurtje gaat de bus.'

'Naar Athene?'

'Nee, naar Iraklion. En daar gaan we met het vliegtuig naar Athene.'

'En dan?'

'Dan drinken we op het vliegveld van Athene eerst een lekker flesje limonade en dan gaan we met een ander vliegtuig door naar Amsterdam.'

'Hoe laat zijn we dan thuis?'

'Vanavond om acht uur lig jij weer lekker in je eigen bedje.

'Hoe laat is het nu pap?'

'Het is nu half vijf.'

'Half vijf in de avond?'

'Nee, half vijf in de nacht. Ik zou die zeesterren ook maar hier laten Kas, want die gaan misschien een beetje stinken, onderweg.'

'Mag ik dan wel de schedel van de Minotaurus meenemen?'

'Ja, dat mag. Nee, niet onder je arm. In de koffer. Zullen we je duikbril er ook maar niet in doen?'

'Nee die hou ik op pap, voor wanneer het vliegtuig in zee stort.'

'Ben je gek knul, dat gebeurt tegenwoordig niet meer hoor. Zo, nu kan er niks meer bij. Nou, zullen we dan maar gaan? We moeten nog een heel stuk lopen naar de bushalte.'

'Goed. '

(From Kees van Kooten: *Koot graaft zich autobio* published by de Bezige Bij, Amsterdam 1981)

## VOCABULARY

| | |
|---|---|
| **de gestrande** | stranded person |
| **de rots** | rock |
| **de edelsteen** | precious stone |
| **over** | in |
| **Athene** | Athens |
| **het flesje** | (little) bottle |
| **gaan ... door** | go on, continue |
| **eigen** | own |
| **de zeester** | starfish |
| **stinken** | stink |
| **onderweg** | on the way |
| **de schedel** | skull |
| **de Minotaurus** | the Minotaur |
| **de duikbril** | goggles |
| **hou ... op** | keep on, keep wearing |
| **storten** | plunge, fall |
| **de knul** | fellow, chap, boy |
| **gebeuren** | happen |
| **tegenwoordig** | nowadays |
| **hoor** | often added to the end of a sentence in speech: usually untranslatable |
| **een heel stuk** | a long way |

## 3 In Amsterdam (B)

Voor mij in het warenhuis liep een dame. Ze had een prettige rug en ze was, net als ik, op weg naar de uitgang. Toen ze vlak bij de deur kwam passeerde zij de paraplu-afdeling, nam in het voorbijgaan een prachtig nieuw regenscherm met het prijskaartje en al van de toonbank en marcheerde er welgemoed mee naar buiten.

'Ach!' riep ik bewonderend.

Het was een misdaad zonder fouten.

'Zei u iets, meneer?' vroeg de verkoopster van de paraplustand, die nu pas opkeek.

'Nee, dank u,' antwoordde ik en liep ook naar buiten. Ik was er echt een beetje opgewonden van, want ik heb het nog nooit van zó dichtbij gezien – stelen. Zoudt u nu geroepen hebben: 'Houd de dief?' of zoiets? Misschien was het mijn burgerplicht geweest, maar ik bén zo niet. Ik hou me buiten zulke dingen. Ik denk gewoon: o, daar jat iemand wat,' zoals je denkt: 'o, daar gaat een vogeltje.' Je hebt ook mensen die dan in het geweer komen. Dat zijn bemoeiers. Je hebt bemoeiers en doorlopers en ik ben een doorloper. Daar kun je niets aan doen.

(From Simon Carmiggelt: *Verhaaltjes van vroeger* published by BV Uitgeverij De Arbeiderspers, Amsterdam 1981)

## VOCABULARY

| | |
|---|---|
| **het warenhuis** | department store |
| **de dame** | lady |
| **prettig** | nice, pleasant |
| **de rug** | back |
| **de uitgang** | exit |
| **vlak bij** | close to |
| **passeren** | pass by |
| **de afdeling** | department |
| **in het voorbijgaan** | in passing, here = as she went past |
| **het regenscherm** | umbrella |
| **het prijskaartje** | price ticket |
| **de toonbank** | counter |
| **marcheren** | march |

| | |
|---|---|
| **welgemoed** | cheerful |
| **roepen** | call |
| **bewonderen** | admire |
| **de misdaad** | crime |
| **opkijken** | look up |
| **opwinden** | excite |
| **stelen** | steal |
| **zoudt = zou** | would |
| **de dief** | thief |
| **de burgerplicht** | duty as a citizen |
| **zulk** | such |
| **gewoon** | just |
| **jatten** | pinch |
| **in het geweer komen** | be up in arms |
| **de bemoeier** | busybody, person who interferes |
| **de doorloper** | person who walks past |
| **er iets aan doen** | do something about it |

## 4 U of jij: wat moet je nou? (B)
   U or jij: which should I use

Het aardige van de u/jij-problematiek is dat iedereen erover mee kan praten. Elke taalgebruiker hapert weleens bij de keuze en weet ook waarom. Het heeft niet zozeer met gebrek aan taalbeheersing te maken, als wel met onzekerheid over de relatie tot de aangesprokene en de situatie van het moment. Ook al heeft de gedistingeerde directeur je gemoedelijk gevraagd hem maar te tutoyeren, het u is je mond uit voor je er erg in hebt.

### Een halve eeuw informalisering
De kern van de kwestie is dat je met u en jij/je van alles kunt uitdrukken en vastleggen. U staat voor afstand en respect, zakelijkheid en status, maar ook voor beleefdheid en onderscheid. Jij en je is in de regel informeel en klinkt kameraadschappelijk en vertrouwd. Als u het teken van afstandelijkheid is, dan is jij/je het symbool van solidariteit. U geeft makkelijk een verwijdering van mijlen, je en jij zet de mensen schouder aan schouder. Het sterk toegenomen jijen en jouen is de exponent van een halve eeuw informalisering en maatschappelijke nivellering.

En toch blijven we twijfelen. Dat komt natuurlijk doordat elke situatie en relatie net weer iets anders is. Voelen we afstand en willen we die aangeven? Of toch meer genegenheid, gelijkheid en broederschap?

## Sociale kloof

De meeste Nederlanders tussen de dertig en zestig worden tegenwoordig als aangesprokene voortdurend tussen u en jij heen en weer geslingerd. Bij de supermarkt krijg ik u als ik me geschoren heb, maar met stoppels ben ik 'jij'. U lijkt bedoeld voor het maat- en mantelpak, jij past bij de joggingbroek. Op mijn werk ben ik, ongeacht mijn voorkomen, 'jij' voor de collega's en 'u' voor het kantinepersoneel. Mijn studenten bedienen zich van beide.

## Mode en tijdgeest

De u/jij-wisseling is moeilijk in regels vast te leggen. Deze woordjes hebben niet zozeer 'betekenis' zoals boek of broodje kaas, als wel een 'lading' met sociale en psychologische potentie. Niet alleen leeftijdsverschil en maatschappelijke positie bepalen de keus, maar ook veranderlijke factoren als uiterlijk, verhouding, uitstraling en sfeer van het moment. Daar komt nog bij dat de u/jij -wisseling met de mode en de tijdgeest meewaait. Weinig woorden weerspiegelen zo helder maatschappelijke veranderingen.

(From: Jan Erik Grezel, 'U of jif: wat moet je nou?' in *OnzeTaal*, published by Genootschap Onze Taal, Den Haag, 2002)

![VOCABULARY]

| | |
|---|---|
| **de aanspreekvorm** | form of address |
| **Vlaanderen** | Flanders |
| **de problematiek** | (set of) problems |
| **de taalgebruiker** | language user |
| **haperen** | hesitate, stumble |
| **de keus/keuze** | choice |
| **zozeer** | so much |
| **het gebrek** | lack |

| | |
|---|---|
| de taalbeheersing | linguistic fluency/skill |
| de onzekerheid | uncertainty |
| de relatie | relation, relationship |
| de aangesprokene | addressee |
| de situatie | situation |
| gedistingeerd | distinguished |
| gemoedelijk | kind, genial, easy-going |
| tutoyeren | use jij |
| er erg in hebben | notice, realize |
| half | half |
| de eeuw | century |
| de informalisering | becoming more informal |
| de kern | heart, nub |
| de kwestie | matter, question |
| uitdrukken | express |
| vastleggen | establish, fix |
| de afstand | distance |
| de zakelijkheid | businesslike approach |
| de beleefdheid | politeness |
| het onderscheid | distinction, difference |
| informeel | informal |
| kameraadschappelijk | matey, companionable |
| vertrouwd | familiar, dependable |
| het teken | sign |
| de afstandelijkheid | coldness, distance |
| het symbool | symbol |
| de solidariteit | solidarity |
| de verwijdering | distance, being apart |
| de mijl | mile |
| jijen en jouen | use jij (see tutoyeren) |
| de exponent | indicator |
| maatschappelijk | social |
| de nivellering | levelling, making equal |
| twijfelen | doubt |
| aangeven | signal, indicate |
| de genegenheid | liking, affection |
| gelijkheid | equality |
| broederschap | solidarity |
| sociaal | social |
| de kloof | gap, gulf |

| | |
|---|---|
| **voortdurend** | constantly |
| **slingeren** | be sent backwards & forwards |
| **zich scheren** | shave |
| **de stoppel** | stubble |
| **maat- en mantelpak** | men and women in suits |
| **passen bij** | fit/go with |
| **de joggingbroek** | jogging pants |
| **ongeacht** | regardless of |
| **het voorkomen** | appearance |
| **het kantinepersoneel** | canteen staff |
| **zich bedienen van** | use, avail oneself of |

## 5 Rechten en plichten consument (C) Consumers' rights and obligations

Het is een gulden regel dat je als klant niet hoeft te betalen voor dingen die niet deugen. De ingehouden betaling moet wel in verhouding staan tot het mankement.

Drukfouten in reisgidsen mogen niet op de klant worden verhaald, tenzij het een duidelijke fout is waarvan iedereen kan zien dat de prijs niet klopt.

Dit zijn enkele citaten uit 'Rechten en plichten van de consument', een boekje dat is geschreven door Loes Dommering, die tien jaar lang als juriste aan Konsumentenkontakt* verbonden was.

In twintig afzonderlijke hoofdstukken gaat Loes Dommering uitvoerig maar toch begrijpelijk in op de rechten en plichten die consumenten hebben. Uitgangspunt bij de opstelling van het boekje is geweest de informatiebehoefte van de consument. Wat moet de klant weten als hij of zij een klacht heeft over een geleverd produkt of een verleende dienst. Hoe moet men handelen om niet in de problemen te komen.

Om de gebruiker van het boekje in twijfelgevallen bij te staan zijn als bijlage verschillende standaardcontracten en model-overeenkomsten met hun letterlijke teksten opgenomen. Een groot aantal hoofdstukken gaat verder vergezeld van een voor-beeldbrief, die illustreert hoe men zijn grieven kenbaar maakt.

(From: NRC Handelsblad)

| | |
|---|---|
| **het recht** | right |
| **de plicht** | obligation |
| **de consu'ment** | consumer |
| **gulden** | golden |
| **niet deugen** | be no good |
| **inhouden** | keep back, deduct |
| **in verhouding staan tot** | be in relation to |
| **het manke'ment** | defect |
| **de drukfout** | misprint |
| **de reisgids** | guide-book |
| **verhalen op** | be detrimental to |
| **het citaat** | quotation |
| **de ju'rist** | lawyer |
| **Konsumentenkontakt** | Dutch consumer organization |
| **verbinden** | connect |
| **afzonderlijk** | separate |
| **het hoofdstuk** | chapter |
| **uitvoerig** | in detail |
| **ingaan op** | go into |
| **het uitgangspunt** | starting-point |
| **de opstelling** | compilation |
| **de behoefte** | need, requirement |
| **de klacht** | complaint |
| **leveren** | supply |
| **een verleende dienst** | a service rendered |
| **handelen** | act |
| **het twijfelgeval** | doubtful case |
| **bijstaan** | help |
| **de bijlage** | supplement, appendix |
| **verschillend** | various |
| **de overeenkomst** | agreement |
| **het aantal** | number |
| **vergezeld van** | accompanied by |
| **de grief** | grievance |
| **kenbaar** | known |

\* Current organization is called 'Consumentenbond'. Web
address: www.consumentenbond.nl

# Key to exercises

**Exercise 2:** treinen, leeuwen, boeren, peren, poten, buren, pennen, tuinen, bussen, boten, potten, straten, mannen, deuren, manen.

**Exercise 3:** 1 Is the man nice? 2 You are crazy. 3 I am very ill. 4 She is ill too. 5 Are you tired? 6 We are also tired. 7 The neighbours are kind. 8 They are very nice. 9 You are very kind. 10 You are sly.

**Exercise 4:** 1 He has a house. 2 It has a garden. 3 Do the neighbours have a boat? 4 We have a garden and a boat. 5 Do you have an umbrella? 6 I have a pear. 7 You have a sore throat. 8 Does the farmer have a lion in the garden? 9 Lions have paws. 10 Do you have a pen?

**Exercise 5:** 1 Zijn de buren vriendelijk? 2 Hij is aardig. 3 Zij is erg ziek. 4 Wij hebben een huis en een tuin. 5 Het huis is nieuw. 6 Heeft u een dier in de tuin? 7 Ja, ik heb een leeuw. 8 Jij hebt een pen en een paraplu. 9 Zij zijn allebei nieuw. 10 Jullie zijn moe en ziek. 11 Ik ben ook ziek. 12 U bent erg mooi. 13 De maan is ook mooi. 14 Zij hebben een boot. 15 Heb jij ook een boot?

## WEEK 2

**Exercise 6:** 1 The man is little. 2 The girl is very fat. 3 The houses are much too big. 4 The woman has a wig. 5 The neighbours have a child. 6 It is a girl. 7 The girl is sitting in the garden. 8 The shoes are a bit down at heel. 9 The animal is not friendly. 10 It is cunning.

**Exercise 7:** 1 This house has a garden. 2 That house is too small. 3 Those houses are very large. 4 This dress is too short. 5 These shoes are a bit big. 6 Those shoes are much too small. 7 Do you see this boy and this girl? 8 They are very nice. 9 Those are the neighbours. 10 That one is nice, but that one is not so friendly.

**Exercise 8:** 1 Deze jongen heeft een boot. 2 Dat meisje heeft een pen. 3 Deze mannen zijn erg vriendelijk. 4 Die vrouwen zijn ook vriendelijk. 5 Dit huis is groot, maar dat is klein. 6 Die tuin is te groot. 7 Die schoenen zijn erg duur. 8 Die jurk is te kort, maar deze is erg mooi. 9 Dat zijn de buren. 10 Ze zijn niet erg aardig. 11 Dat dier daar is een leeuw. 12 Dit is de boer. 13 Hij zit in een boot. 14 Deze boot is nieuw en die ook. 15 Deze vrouwen zijn allebei moe.

**Exercise 9:** 1 I have two pens. 2 The farmer has a lot of carrots. 3 Wolves and lions are animals. 4 Houses have roofs. 5 The towns have many roads and streets. 6 Those women have very many books. 7 Students always have a lot of books. 8 Biographies are not always dull.

**Exercise 10:** 1 These are the boys and girls of the neighbour. 2 She has two aunts and two uncles. 3 These photographs are very good. 4 The fathers and mothers of those children both have many ambitions. 5 Those songs are very beautiful. 6 These umbrellas are large. 7 The city has many trams. 8 Those tables are new.

**Exercise 11:** 1 The librarian has many novels. 2 The authoress has two houses. 3 The teacher is very nice. 4 This is my secretary. 5 The father of the student has a boat. 6 The farmers' wives are friendly. 7 Are princesses always beautiful? 8 The Englishwoman is ill: she has a temperature.

**Exercise 12:** 1 Deze peren zijn duur. 2 Ik heb twee jurken. 3 Zijn die romans saai? 4 De schrijfster heeft veel boeken. 5 Biografieën zijn moeilijk. 6 De Nederlandse heeft twee kinderen. 7 Verpleegsters zijn altijd vriendelijk. 8 De foto's van de leeuwin zijn erg goed. 9 De jongens en meisjes zijn in de tuin. 10 Zijn de wegen hier goed? 11 Zie je die rokken in de etalage? 12 Ik heb een boek over schepen en boten. 13 Is de lerares erg moe? 14 Tantes en ooms zijn aardig. 15 Heeft de prins een secretaris?

**Exercise 13:** 1 ik lig, hij ligt. 2 ik woon, hij woont.
3 ik praat, hij praat. 4 ik drink, hij drinkt. 5 ik word, hij
wordt. 6 ik zit, hij zit. 7 ik rij, hij rijdt. 8 ik kom, hij komt.
9 ik sla, hij slaat. 10 ik zie, hij ziet. 11 ik houd, hij houdt.
12 ik ga, hij gaat.

**Exercise 14:** 1 We live in London. 2 Where do you live?
3 He lies in bed. 4 Do you drink a lot of beer? 5 I think it
is a very pleasant party. 6 They are sitting in the garden
behind the house. 7 She talks a lot. 8 Who lives in that
house? 9 We like parties. 10 What do you think of the
wine in this restaurant?

**Exercise 15:** 1 Where are the students going? 2 Do you
see the children over there? 3 They are standing in front
of the house. 4 I come from London. 5 Where do you
come from? 6 What are we doing this evening? 7 Do you
always go to that restaurant? 8 She sees the neighbour in
the bus. 9 Goodbye. I'm going home. 10 This boy never
hits the dog.

**Exercise 16:** 1 Wat doe je na het feest? 2 Ik ga naar huis.
3 Waar komen zij vandaan? 4 Wij wonen in dat huis.
5 Waarom zitten jullie in de tuin? 6 Ik lees een boek.
7 Kent u Amsterdam? 8 Zij blijft thuis. 9 Wat drinken de
kinderen? 10 Wie staat daar? 11 De bibliothekaresse houdt
van feesten. 12 Je praat vanavond veel.

## REVISION EXERCISES 1

**Exercise 1:** 1 De meisjes zijn aardig. 2 Wonen de studenten
in Rotterdam? 3 De jurken zijn te kort. 4 Hebben jullie
misschien hoofdpijn? 5 Dit zijn de jongens. 6 Leeuwen
zijn dieren. 7 De kinderen gaan naar huis. 8 Wie zijn
die mannen?

**Exercise 2:** 1 Tante woont in Den Haag. 2 Het kind leest een boek. 3 Zie je die man daar? 4 Wanneer gaan we naar Amsterdam? 5 Jullie praten te veel. 6 Welk huis bedoel je? 7 De studenten drinken bier. 8 Ik houd van feesten.

**Exercise 3:** 1 Deze romans zijn saai. 2 Hoe vind je dit restaurant? 3 Dit huis heeft een tuin. 4 Ik vind deze schrijver erg goed. 5 Deze schoenen zijn veel te klein. 6 Deze huizen zijn te duur. 7 Houd je van deze wijn? 8 Deze jongen woont in Leiden. 9 Dit meisje houdt van feesten. 10 Deze meisjes en deze jongens zijn erg vriendelijk.

**Exercise 4:** 1 Wie is die man? 2 Ken je die vrouw daar? 3 Ze woont in dat huis. 4 Dat kind is erg moe. 5 Bent u de moeder van die kinderen? 6 Ik vind die stad erg mooi. 7 Zie je die jurk in de etalage? 8 Dat restaurant is veel te duur. 9 Heeft u dat boek? 10 Die boeken zijn te moeilijk.

**Exercise 5:** 1 Waar kom je/komt u vandaan? 2 Waar gaan jullie naartoe. 3 Houd je van wijn? 4 Waar woont meneer de Vries? 5 Wanneer komt ze op bezoek? 6 Vindt hij het restaurant gezellig?

**Exercise 6:** 1 Ja, ik drink altijd bier. 2 Ja, ik ga vanavond naar het restaurant. 3 Ja, ik zit de hele dag hier. 4 Ja, ik praat over de buren. 5 Ja, ik woon in dat huis. 6 Ja, ik houd van lezen. 7 Ja, ik heb hoofdpijn. 8 Ja, ik ben ziek.

**Exercise 7:** ziek; hebben; zijn; in; komt; naar; thuis.

# WEEK 4

**Exercise 17:** 1 Read that book. 2 But I don't like novels. 3 Those people haven't got a car. 4 She isn't coming by bicycle: she's coming by tram. 5 You don't eat meat, do you? 6 Do you really not know that? 7 The children do not play in the street. 8 Tomorrow we are going to the beach by train. 9 This bus doesn't stop in Beatrix Street. 10 I like sitting in the garden in summer.

**Exercise 18:** 1 We are going home tomorrow. 2 I don't swim in the sea in the winter. 3 The Englishman is coming on a visit today. 4 She always sits here. 5 They live there, don't they? 6 In summer the boys like to play outside. 7 No, I'm not staying at home this evening. 8 I don't know. 9 The tram doesn't stop in King Square. 10 This man is not nice.

**Exercise 19:** 1 Doe dat. 2 Doe dat niet or Niet doen. 3 Blijft u hier. 4 Hij is op kantoor. 5 We gaan met de trein naar Amsterdam. 6 Ze leest dat boek in het Nederlands. 7 Ze komen vanavond niet naar het feest. 8 Hij is hoogleraar in de geschiedenis, niet waar? 9 Nee, ik ben geen hoogleraar in de geschiedenis. 10 Drinken jullie geen wijn? 11 Die bus stopt hier niet. 12 Ik lig graag in bad. 13 De poes is niet boven. 14 Hebben ze geen tuin? 15 Speel niet op straat: het is te gevaarlijk.

**Exercise 20:** 1 They always see us in the café. 2 Give me a cup of tea. 3 Here is the letter. She'll get it tomorrow. 4 We are doing it for you. 5 He gives the present to her. 6 There are the neighbours' children. The cat likes playing with them. 7 The books are on the table. Do you see them? 8 Is the garden behind the house? No, it is in front of it. 9 What are you doing with that bicycle? I am riding to town on it. 10 What is the girl doing with the pen? She is writing with it.

**Exercise 21:** 1 She has the children with her. 2 They have a lot of money on them. 3 Have you a mobile with you? 4 We haven't any photographs with us. 5 Do you feel tired? 6 He is bored at the office. 7 You are enjoying yourself at the party, aren't you? 8 We are not in a hurry. 9 Doesn't she like apple cake? I'm amazed. 10 Have a wash immediately!

**Exercise 22:** 1 We zien jullie altijd in de bus. 2 Die appeltaart is lekker. Waar koop je hem? 3 Hoe voelt u zich? 4 De kinderen geven ons een cadeau. 5 Geef dat kopje koffie aan mij. 6 Daar staat de auto – zie je hem? 7 Wij eten bij hen. 8 Ik geef je de pen en jij schrijft ermee.

9 Daar is de bibliothekaresse. Kennen jullie haar?
10 De kinderen gedragen zich goed. 11 U houdt van
romans, niet waar? Leest u ze altijd? 12 Hebben jullie geld
bij je? 13 Ze wast zich boven. 14 We amuseren ons hier op
het terrasje voor het café. 15 Ik herinner me die man.

## WEEK 5

**Exercise 23:** 1 This car is ours. 2 These books are theirs.
3 This piece of cake is hers. 4 Those bicycles are ours.
5 This cup of tea is yours. 6 This newspaper is mine.
7 That umbrella is yours. 8 That money is his.

1 Deze auto is de onze. 2 Deze boeken zijn de hunne.
3 Dit stuk taart is het hare. 4 Die fietsen zijn de onze.
5 Dit kopje thee is het jouwe. 6 Deze krant is de mijne.
7 Die paraplu is de uwe. 8 Het geld is het zijne.

**Exercise 24:** 1 Do you know my husband? 2 His wife is
very nice. 3 Your paper is on the table. 4 Have you your
mobile with you? 5 Her shoes are on the floor. 6 Our cases
are there on the platform. 7 I think their garden is very
beautiful. 8 Where is your car?

**Exercise 25:** 1 I have my mother's car this evening.
2 Her brother's girl friend comes from Utrecht. 3 The
neighbours' cat plays in our garden. 4 He has his sister's
bicycle. 5 They need money. 6 Do you need a pen? Take
mine. 7 That book of yours is on the chair. 8 I'm looking
for a bag. Where is yours?

**Exercise 26:** 1 Hier zijn je pakjes. 2 Mijn koffer staat daar.
3 Kennen jullie hun dochter? 4 Zijn die kinderen van haar?
5 Ons huis is veel te groot voor ons. 6 We hebben uw
treinkaartjes. Wie heeft die van ons? 7 Zijn vrouw is erg
vriendelijk. Ken je haar?

**Exercise 27:** gemaakt, geklopt, gebeld, verteld, gewerkt,
gekookt, ontmoet, beloofd, verhuisd, gebrand.

**Exercise 28:** 1 She took a photograph of the house yesterday. 2 We talked about everything. 3 My brother cooked this evening. 4 Have you always lived in Utrecht? 5 What a pity! You've missed the train. 6 The children have built a little house in the garden. 7 I've burnt the pile of newspapers. 8 Grandpa rang yesterday. 9 Did you tell everything to your mother? 10 They met her in the park. 11 Yesterday he played in the street with his friends. 12 Afterwards he studied at home.

**Exercise 29:** 1 Ik heb gisteren hard gewerkt. 2 Jullie hebben in Holland gewoond, niet waar? 3 Ze heeft die jurk zelf gemaakt. 4 Ze hebben een foto van ons huis gemaakt. 5 Wie heeft ze op het station ontmoet? 6 Ik heb me verbaasd. 7 Hij heeft ons over het feest verteld. 8 Heeft u er iets over gehoord? 9 We hebben het altijd geloofd. 10 Ik heb me gisteren erg moe gevoeld.

## WEEK 6

**Exercise 30:** gekomen, gehad, gelegen, gegaan, geweest, gelezen, gegeten, gekocht, geschreven, gedacht, gebleven, gedaan.

**Exercise 31:** 1 Did you stay at home yesterday? 2 The children have already done their homework. 3 The librarian has written a book himself. 4 Why didn't you come? 5 I have read very many books. 6 Did you eat in that restaurant yesterday? 7 We went to the cinema today. 8 We both walked. 9 You have been very busy, haven't you? 10 She has already seen that film. 11 The neighbours' son has hit his dog. 12 My brother was in town this morning.

**Exercise 32:** 1 Waarom bent u met de bus gekomen? 2 Ze zijn naar het station gereden. 3 Ik ben gisteren de stad in gelopen. 4 Zijn jullie al in het museum geweest? 5 Wat heeft ze in de stad gekocht? 6 Wie heb je in het park gezien? 7 We zijn vandaag thuis gebleven. 8 Mijn zus heeft vanochtend een auto gekocht. 9 De poes heeft in de zon gelegen. 10 Waar hebben jullie 's avonds gegeten?

# REVISION EXERCISES 2

**Exercise 1:** 1 Nee, ze komt vanavond niet. 2 Nee, mijn oom woont niet in Amsterdam. 3 Nee, de kinderen spelen niet buiten. 4 Nee, meneer Smit is niet thuis. 5 Nee, ik heb geen fiets. 6 Nee, de jongens zijn niet aardig. 7 Nee, we gaan niet met de bus. 8 Nee, Jan zit niet op het strand. 9 Nee, de buur-vrouw heeft geen poes. 10 Nee, het kind heeft geen koorts.

**Exercise 2:** 1 Morgen gaan de studenten naar de stad. 2 Vandaag heb ik het ontzettend druk. 3 Deze keer neem ik een kopje thee met citroen. 4 De hele middag zit hij in de bibliotheek. 5 Vanavond komen de buren op bezoek.

**Exercise 3:** 1 Ik zie haar altijd in de bus. 2 Hij praat met haar. 3 Zij gaan vanavond naar een restaurant. 4 Zij gaat met hen naar het restaurant. 5 Vind je hem aardig?

**Exercise 4:** 1 Hij geeft het aan haar. 2 Ze spelen met hem. 3 Hij speelt ermee. 4 Geef hem aan hem. 5 Hij ligt erachter. 6 Ik zie hen daar. 7 Hebben jullie alles aan hen verteld? 8 Zit hij erin?

**Exercise 5:** gewoond, gemaakt, gehoord, gebeld, gemist, geloofd, verhuisd, gepraat, gebleven, gegeten, gegaan, vertrokken, geschreven, gekomen, gelegen.

**Exercise 6:** 1 Hebben. 2 ben. 3 ben. 4 hebben. 5 is. 6 zijn. 7 Heeft. 8 heeft.

**Exercise 7:** ben; met; want; in; hebben; gekocht; vindt; naar; in; gegeten; we; ook/erg; geld; de; zijn; trein; ons.

**Exercise 8:** This is an open exercise. Below are model answers.
1 Nee, ik verveel me nooit in de stad. 2 Ja, ik reis altijd met de trein. 3 Ja, ik houd erg veel van appeltaart. 4 Nee, ik heb geen auto. 5 Ik heb het ontzettend druk. 6 (Mij gaat het) goed, dank je. 7 Gisteren heb ik gewerkt. 8 Ik heb koffie gedronken. 9 Ja, mijn buren zijn heel

vriendelijk. 10 Nee, ik schrijf nooit brieven. Ik bel de mensen op.

## WEEK 7

**Exercise 33:** 1 I have a large living room. 2 They have new curtains and a new carpet. 3 It's lovely weather today. 4 My father needs a new car. 5 Do you feel like a nice glass of beer? 6 What a splendid view! 7 We don't like dark colours. 8 My sister thinks white walls are pretty.

**Exercise 34:** 1 The bedroom is much bigger than the kitchen. 2 I think this carpet is prettier than that one. 3 My brother thinks coffee is nicer than tea. 4 Larger houses are also more expensive. 5 I have read a much more interesting biography. 6 Their bathroom is as small as our kitchen. 7 Do you think beer is as nice as wine? 8 Our cat is much thinner than yours.

**Exercise 35:** 1 Deze kamer heeft grote ramen. 2 Heb je een nieuw vloerkleed? 3 De houten stoel staat in de slaapkamer. 4 Gebroken ramen zijn gevaarlijk. 5 Het is vandaag slecht weer. 6 Wanneer heeft u die witte schoenen gekocht? 7 Ik vind de donkerder kleur mooier. 8 De badkamer is even groot als de keuken.

**Exercise 36:** 1 het stoeltje. 2 het dochtertje. 3 het briefje. 4 het terrasje. 5 het kammetje. 6 het filmpje. 7 het dagje. 8 het tafeltje. 9 het woninkje. 10 het huisje. 11 het balletje. 12 het boompje.

**Exercise 37:** 1 This is the smallest kitten. 2 Their youngest child has a new bicycle. 3 I think this room is the loveliest. 4 Most people have a computer nowadays. 5 My little son sings the best. 6 I didn't buy the most expensive shoes. 7 Did you read the note? 8 This author writes very well. 9 He likes red wine best. 10 They like eating pudding best of all.

**Exercise 38:** 1 Dit is de goedkoopste auto. 2 Neem het gezondste katje. 3 We zijn naar het beste restaurant gegaan. 4 Jullie tuintje is erg mooi. 5 Ze drinkt altijd de duurste wijn. 6 Dit kleine hondje rent het snelst. 7 Dank je voor het cadeautje. 8 Heeft u mijn briefje gekregen?

## WEEK 8

**Exercise 39:** 1 I want to eat here. 2 We can't come this evening. 3 She must go home by taxi. 4 You may not smoke in this compartment. 5 We want a double room with a bath. 6 May I sit at this table? 7 Can you just do this for me? 8 They must certainly visit the museum. 9 I'm sorry, but it's not allowed. 10 Do you want red or white wine?

**Exercise 40:** 1 She had to go early. 2 Weren't you able to come yesterday? 3 What did you want to buy? 4 I had to work hard. 5 The children were not allowed to play here. 6 We couldn't find anything nice. 7 It wasn't possible. 8 We were not allowed to do that. 9 Were you able to get a hotel room? 10 I wanted to say something kind, but I didn't succeed.

**Exercise 41:** 1 Hij kan vandaag niet komen. 2 Mag ik de sleutel hebben? 3 We moeten een nieuwe computer kopen. 4 Deze meneer wil een tweepersoonskamer. 5 Kunt u het meteen doen? 6 Moeten jullie nu naar huis gaan? 7 We hebben iets goedkoops willen kopen. 8 Ze hebben een taxi moeten nemen. 9 Heb je mogen roken? 10 Ik heb die zware koffer niet kunnen dragen.

**Exercise 42:** 1 His girl friend is going away today. 2 When is she coming back? 3 I have to ring up tomorrow. 5 Are you going along with us? 5 The nice thing is – we'll be seeing each other again soon. 6 Take the key with you. 7 May I have a lift with you? 8 We are fetching our daughter from the station. 9 Can you just shut the door for me? 10 The plane arrives in half an hour.

**Exercise 43:** 1 She went away this morning.
2 Did the children eat up everything? 3 When did you ring him up? 4 They came back from their holiday yesterday.
5 He embraced her on the platform. 6 My sister collected me by car. 7 This expensive hotel is really only for the rich.
8 The library has already closed. 9 I had a lift with my brother. 10 Did they accept his proposal?

**Exercise 44:** 1 Ze komen vandaag terug. 2 Wanneer gaat u weg? 3 Bel hem op. 4 Je moet alles opeten.
5 De bibliotheek heeft speciale boeken voor blinden.
6 Hebben ze je van het vliegveld afgehaald? 7 Doe de deur open. 8 Ik heb hem nooit teruggezien. 9 Wat heeft hij voorgesteld? 10 Ze wil met ons meerijden. 11 Ik heb mijn studie afgemaakt. 12 Heb je je broer naar het feest meegenomen?

# WEEK 9

**Exercise 45:** 1 I shall ring him up tomorrow.
2 He is going to buy a new pair of trousers. 3 Shall we go to the wedding? 4 What are you going to do now?
5 The children will need some summer clothes. 6 She won't have a cent left over. 7 Why don't they go on a boat-trip?
8 The canals will look lovely. 9 Are we going to watch TV?
10 She will never know.

**Exercise 46:** 1 She is reading. 2 I dare not look.
3 Did you forget to come? 4 They sat talking all evening.
5 Do you hear her calling? 6 He doesn't have to buy any new clothes . 7 I started to read, but the book doesn't interest me. 8 Do you see him sitting in the corner?
9 We went and helped immediately. 10 I had my old coat dry-cleaned.

**Exercise 47:** 1 Wat gaan we doen? 2 Ik zal een nieuwe hoed kopen. 3 Ze zullen haar nooit vergeten.
4 Het boompje begint te groeien. 5 Hij probeerde een das te vinden. 6 Kijken de kinderen naar de televisie?
7 Ik leer hem zwemmen. 8 Heeft u uw jas laten stomen?

9 Je hebt verbaasd staan te kijken. 10 We hebben de buurman in bad horen zingen.

## REVISION EXERCISES 3

**Exercise 1:** 1 aardig. 2 interessant. 3 kleine. 4 wit. 5 dure. 6 grote. 7 lekker. 8 moeilijke.

**Exercise 2:** 1 moeten. 2 kunnen. 3 mag. 4 wil. 5 kan. 6 willen. 7 moet. 8 mag. 9 wil. 10 kunt.

**Exercise 3:** 1 Ik bel haar vaak op. 2 De kinderen hebben de hele taart opgegeten. 3 Tineke gaat met ons mee. 4 Mijn broer is gisteren al weggegaan. 5 We zijn hem op straat tegengekomen. 6 Wil je de deur dichtdoen? 7 Kun je het raam voor mij opendoen? 8 Ik kom je van het station afhalen. 9 Mag ik met jullie meerijden? 10 We gaan vanavond uit.

**Exercise 4:** 1 Ik zal beslist meegaan. 2 We zullen je van het vliegveld afhalen. 3 Hij zal het vandaag doen. 4 Welke auto zal zij kopen? 5 Ik zal morgen de hele dag thuis zijn. 6 Zult u het voorstel aanvaarden? 7 Je zult niet weggaan, hoop ik? 8 Ze zullen het goed bedoelen.

**Exercise 5:** wil; moet; kan; moet; wil; kunnen; blijf.

**Exercise 6:** 1 Ik heb een taxi willen nemen. 2 Je hebt veel moeten lezen. 3 We hebben vroeg willen eten. 4 Ze hebben vandaag niet kunnen komen. 5 Ik heb hard moeten studeren. 6 Ze hebben staan wachten. 7 Ze heeft zitten lachen. 8 De poes heeft de hele dag liggen slapen. 9 Hebben jullie niets zitten doen? 10 We hebben naar de radio zitten luisteren. 11 Ik heb haar leren zwemmen. 12 Hij is op het perron blijven staan. 13 We zijn je in de tuin komen helpen. 14 Ze is een nieuwe fiets gaan kopen. 15 Heb je je schoenen laten repareren?

**Exercise 48:** 1 They earn a lot and they spend a lot. 2 I like the theatre, but I also go to the cinema. 3 Are you staying at home or are you going out? 4 It's raining, so we're going by car. 5 Do you know if it's true? 6 I think he's right.
7 She's washing her hair. 8 If it's possible, we want to go to the theatre this evening. 9 She says that they are eating.
10 When the weather is fine, the children go and play in the park. 11 His face seems familiar to me because I've seen him on TV. 12 He says he laughed a lot because the play is so funny.

**Exercise 49:** 1 Hij kijkt naar de televisie en zij luistert naar de radio. 2 We zijn de auto aan het wassen. 3 Hij acteert goed, maar hij is niet bekend. 4 Ik denk dat u gelijk heeft. 5 Ze wil weten of je aan het werken bent. 6 Gaan jullie naar een restaurant voordat jullie naar het theater gaan?
7 Als het mooi weer is, zal ik naar het strand gaan.
8 Wanneer het regent, blijf ik thuis. 9 Leer je Frans of spreek je het al? 10 We gaan niet mee want we hebben het toneelstuk al gezien. or We gaan niet mee omdat we het toneelstuk al gezien hebben.

**Exercise 50:** hoopte, hoopten; groeide, groeiden; bouwde, bouwden; maakte, maakten; leefde, leefden; praatte, praatten; verhuisde, verhuisden; zette, zetten; blafte, blaften; brandde, brandden.

**Exercise 51:** schreef, schreven; ging, gingen; bracht, brachten; las, lazen; liep, liepen; vroeg, vroegen; stond, stonden; nam, namen; kocht, kochten; hing, hingen.

**Exercise 52:** 1 We paid and left. 2 It was lovely weather yesterday. 3 They sat talking all evening. 4 You had three kittens, I thought. 5 They were our neighbours when we lived in Utrecht. 6 He had a big garden before he moved house. 7 Were you satisfied when you worked there?
8 We went along, got into the car and then drove off.
9 She spoke very kindly to me when she rang up.
10 The boy saved the dog and took it home with him.

**Exercise 53:** 1 Het was een leuk feest, hè? 2 Jullie hadden een hele oude auto. 3 Ik klopte op de deur, deed hem open en ging naar binnen. 4 We waren gisteren in de stad. 5 Had je geen nieuwe fiets? 6 Toen hij ons zag, lachte hij. 7 Ze bouwden een huis en gingen daar wonen. 8 Ik droeg de koffer, zette hem neer en ging erop zitten. 9 Toen sprak ze alleen maar Engels. 10 Toen ik hem de baan aanbood, nam hij hem aan.

## WEEK 11

**Exercise 54:** 1 I arrived too early. 2 The train had left on time. 3 Had you already ordered the wine? 4 We had driven ten kilometres. 5 The butcher had given me three 'ons' (= 300 grammes) of mince. 6 I had been on a visit to my mother-in-law's in June. 7 She said she had paid twelve euros fifty. 8 They had gone on holiday to Germany in September.

**Exercise 55:** 1 May I borrow your umbrella? 2 You could go on holiday in August. 3 Could you shut the door, please? 4 If we had enough money, we would go to the film. 5 I would like one and a half pounds of cheese, please. 6 Would that cost more than ten euros? 7 Would you like to make tea? 8 Could I speak to the secretary, please?

**Exercise 56:** 1 Hij had die film al gezien. 2 Ze hadden haar een cadeau gegeven. 3 Had u naar veel banen gesolliciteerd? 4 Zou ik je fiets mogen lenen? 5 Hun huis ligt vijf kilometer van het station vandaan. 6 Ik wou graag een half kilo boter. 7 Hij zei dat hij in Engeland was geweest. 8 Zou je me die pen kunnen geven? 9 Ze zei dat het tweeëntwintig euro's zou kosten. 10 Als ze een auto hadden, zouden ze meegaan.

**Exercise 57:** 1 They have lived there for years. 2 A girl is walking in the street. 3 He often stays there. 4 Was there enough bread for breakfast? 5 Here is a knife. Can you cut meat with that? 6 How many stamps do you want? I need three. 7 Do you like coffee? No I don't like it. 8 Another spoonful of sugar? No thank you, I have enough. 9 Do you

have a radio? Yes, but we never listen to it. 10 Were there
many people in the post office? There were a few.

**Exercise 58:** 1 The boy who is standing there is my brother.
2 Those are the people he is staying with. 3 She refused to go
along. 4 I am going to the post office to buy some stamps.
5 The drawing which hangs above the settee is very beautiful.
6 Here is the little table I got second-hand. 7 It isn't a park for
walking in. 8 These are the flowers she likes the most. 9 The
knives which are lying on the table are not sharp. 10 Do you
see the chair on which the cat is sitting? It is my sister's.

**Exercise 59:** 1 Er speelt een katje in de tuin. 2 Heeft u een
postzegel? Ja, ik heb er twee. 3 Waar is de radio? De
kinderen luisteren ernaar. 4 De mensen met wie ze praat, zijn
erg vriendelijk. 5 Het huis waarin ze wonen, is te groot. 6 Ik
heb een fles melk nodig … Heb je er geen? 7 Ze hebben er de
hele middag gezeten. 8 Neem het kopje dat op tafel staat. 9
De buren die in het kleine huis wonen, zijn aardig. 10 Hier is
het park waarin we graag wandelen. 11 Dit is de man aan wie
ik het geld heb gegeven. 12 Hij deed het om rijk te worden.

## WEEK 12

**Exercise 60:** 1 één uur. 2 vijf voor half elf. 3 kwart over
negen. 4 half drie. 5 vijf over half vijf. 6 kwart voor twaalf.
7 vijf voor vier. 8 tien over zes. 9 tien over half negen.
10 vijf over vijf.

**Exercise 61:** 1 The car is being washed. 2 The plate was
broken. 3 The TV has been switched on. 4 The radio had
been switched off. 5 The children are put to bed by their
mother at seven o'clock. 6 Breakfast was prepared by father.
7 Two small kittens have been found in the garden. 8 We are
asked to dinner by the neighbours. 9 Were you often taken
along to the museum? 10 CDs were listened to all evening or
They listened to CDs all evening. 11 By whom has the house
been bought? 12 The doorbell is being rung or Someone is
ringing the doorbell. 13 The crying girl was taken home by
the policeman. 14 The dog ran barking through the park.

**Exercise 62**: 1 Het avondeten wordt klaargemaakt.
2 Mijn pen werd door de leraar geleend. 3 Het katje is
door de agent gered. 4 De rekening was door mijn zus
betaald. 5 Het toneelstuk wordt goed geacteerd.
6 Er werd thee gezet. 7 De kaarten zijn allemaal verkocht.
8 Er was veel geld uitgegeven. 9 Is de jurk al eerder
gewassen? 10 De slapende hond heeft urenlang op het
vloerkleed gelegen.

## REVISION EXERCISES 4

**Exercise 1:** 1 Ik doe het omdat ik het belangrijk vind. 2 Nadat
we gewinkeld hebben, gaan we lunchen. 3 Ik blijf hier todat
je je beter voelt. 4 Toen hij jong was, woonde hij in Utrecht.
5 Als je dat leuk vindt, zal ik je meenemen naar het theater.
6 Wanneer het mooi weer is, gaan we in de tuin zitten.

**Exercise 2:** 1 Piet zegt dat hij niet genoeg verdient. 2 Mijn
ouders zeggen dat ik hard moet werken. 3 De leraar vraagt of
Jan hard gewerkt heeft. 4 Mijn broer zegt dat hij een nieuwe
auto gaat kopen. 5 De buren zeggen dat die hond te veel
blaft. 6 De kinderen vragen of de poes op vakantie meegaat.

**Exercise 3:** gingen; vond; vond; wou/wilde; zei; wou/wilde;
waren; had; bleef; was; zag.

**Exercise 4:** zou; naar; om; die; me; wordt; weet; is; zou;
die; kan; zou; heb; die.

## COMMONLY USED STRONG AND IRREGULAR VERBS

| INFINITIVE | | PAST TENSE | PAST PARTICIPLE |
|---|---|---|---|
| **beginnen** | begin | **begon, begonnen** | **begonnen** |
| **begrijpen** | understand | **begreep, begrepen** | **begrepen** |
| **bieden** | offer | **bood, boden** | **geboden** |
| **binden** | bind | **bond, bonden** | **gebonden** |
| **blijken** | turn out | **bleek, bleken** | **gebleken** |
| **blijven** | remain | **bleef, bleven** | **gebleven** |
| **breken** | break | **brak, braken** | **gebroken** |
| **brengen** | bring | **bracht, brachten** | **gebracht** |
| | | | |
| **denken** | think | **dacht, dachten** | **gedacht** |
| **doen** | do | **deed, deden** | **gedaan** |
| **dragen** | carry | **droeg, droegen** | **gedragen** |
| **drinken** | drink | **dronk, dronken** | **gedronken** |
| | | | |
| **eten** | eat | **at, aten** | **gegeten** |
| | | | |
| **gaan** | go | **ging, gingen** | **gegaan** |
| **geven** | give | **gaf, gaven** | **gegeven** |
| | | | |
| **hangen** | hang | **hing, hingen** | **gehangen** |
| **hebben** | have | **had, hadden** | **gehad** |
| **helpen** | help | **hielp, hielpen** | **geholpen** |
| **heten** | be called | **heette, heetten** | **geheten** |
| | | | |
| **houden** | hold | **hield, hielden** | **gehouden** |
| **kijken** | look | **keek, keken** | **gekeken** |
| | | | |
| **komen** | come | **kwam, kwamen** | **gekomen** |
| **kopen** | buy | **kocht, kochten** | **gekocht** |
| **krijgen** | get | **kreeg, kregen** | **gekregen** |
| **kunnen** | can, be able | **kon, konden** | **gekund** |
| | | | |
| **lachen** | laugh | **lachte, lachten** | **gelachen** |
| **laten** | let | **liet, lieten** | **gelaten** |

| INFINITIVE | | PAST TENSE | PAST PARTICIPLE |
|---|---|---|---|
| **lezen** | read | **las, lazen** | **gelezen** |
| **liggen** | lie | **lag, lagen** | **gelegen** |
| **lopen** | walk | **liep, liepen** | **gelopen** |
| **moeten** | must, have to | **moest, moesten** | **gemoeten** |
| **mogen** | may | **mocht, mochten** | **gemogen** |
| **nemen** | take | **nam, namen** | **genomen** |
| **raden** | advise; guess | **ried, rieden/ raadde, raadden** | **geraden** |
| **rijden** | ride | **reed, reden** | **gereden** |
| **roepen** | call | **riep, riepen** | **geroepen** |
| **schrijven** | write | **schreef, schreven** | **geschreven** |
| **slaan** | strike | **sloeg, sloegen** | **geslagen** |
| **slapen** | sleep | **sliep, sliepen** | **geslapen** |
| **smijten** | throw | **smeet, smeten** | **gesmeten** |
| **snijden** | cut | **sneed, sneden** | **gesneden** |
| **spreken** | speak | **sprak, spraken** | **gesproken** |
| **springen** | jump | **sprong, sprongen** | **gesprongen** |
| **staan** | stand | **stond, stonden** | **gestaan** |
| **stelen** | steal | **stal, stalen** | **gestolen** |
| **sterven** | die | **stierf, stierven** | **gestorven** |
| **stinken** | stink | **stonk, stonken** | **gestonken** |
| **trekken** | pull | **trok, trokken** | **getrokken** |
| **vallen** | fall | **viel, vielen** | **gevallen** |
| **vangen** | catch | **ving, vingen** | **gevangen** |
| **vergeten** | forget | **vergat, vergaten** | **vergeten** |
| **verliezen** | lose | **verloor, verloren** | **verloren** |
| **vinden** | find | **vond, vonden** | **gevonden** |
| **vragen** | ask | **vroeg, vroegen** | **gevraagd** |
| **wassen** | wash | **waste, wasten** | **gewassen** |

| INFINITIVE | | PAST TENSE | PAST PARTICIPLE |
|---|---|---|---|
| weten | know | wist, wisten | geweten |
| wijzen | show | wees, wezen | gewezen |
| willen | want | wou/wilde, wilden | gewild |
| worden | become | werd, werden | geworden |
| | | | |
| zeggen | say | zei, zeiden | gezegd |
| zenden | send | zond, zonden | gezonden |
| zien | see | zag, zagen | gezien |
| zijn | be | was, waren | geweest |
| zingen | sing | zong, zongen | gezongen |
| zitten | sit | zat, zaten | gezeten |
| zoeken | look for | zocht, zochten | gezocht |
| zwemmen | swim | zwom, zwommen | gezwommen |

# Mini-dictionary

This mini-dictionary contains the most important words found in the book plus others which you may find useful. The translation given is appropriate for the context in which that word is used in the Course (i.e. 'great' is given as 'fijn, prima', meaning 'excellent', not 'big, important'). See sections week 11, 59–60 for numbers, months of the year and days of the week.

## ENGLISH–DUTCH

**be able** kunnen
**about** ongeveer
**above** boven, over
**above all** vooral
**accept** accepteren, aanvaarden
**according to** volgens
**actor** de acteur
**actually** eigenlijk
**address** het adres
**admire** bewonderen
**advantage** het voordeel
**advert** de reclame
**advertising** de reclame
**aeroplane** het vliegtuig
**after** na; nadat
**afraid** bang
**against** tegen
**ago** geleden
**airport** het vliegveld
**all alle, allemaal**
**be allowed** mogen
**almost** bijna
**alone** alleen
**along** langs
**already** al
**also** ook
**always** altijd
**amazed** verbaasd
**ambition** de ambitie
**American** Americaans
**American man (woman)**
   Americaan(se)
**amount** het bedrag
**angry** boos
**animal** het dier
**answer** antwoorden

**apple** de appel
**apple cake** de appeltaart
**apply** solliciteren
**appointment** de afspraak
**area** het gebied
**argument** de ruzie
**arm** de arm
**arrive** aankomen
**art gallery** het museum
**as** als
**ask** vragen
**at** aan, bij, om
**audience** het publiek
**aunt** de tante
**autumn** het najaar
**awake** wakker
**awful** vreselijk

**baby** de baby
**back** de rug
**bad** slecht, erg
**bag** de tas
**baker** de bakker
**bald** kaal
**ball** de bal
**bank** de bank
**bath** het bad
**bathroom** de badkamer
**be** zijn
**beach** het strand
**beautiful** mooi
**because** want, omdat
**become** worden
**bed** het bed
**bedroom** de slaapkamer
**beer** het bier

before eerder
begin beginnen
behave zich gedragen
behind achter
believe geloven
below beneden
beside naast
better beter
bicycle de fiets
big groot
a bit een beetje
black zwart
blind blind
blue blauw
boat de boot
boat trip de boottocht
book het boek
border de grens
be bored zich vervelen
boring vervelend, saai
born geboren
boss de chef, baas
both beide, allebei
bottle de fles
box de doos
boy de jongen
bread roll het broodje
bread het brood
break breken
break off (a relationship) uitmaken
break in inbreken
breakfast het ontbijt
bridge de brug
bring brengen
British man (woman) Brit(se)
British Brits
broad breed
brother de broer
brown bruin
building het gebouw
burn branden
bus de bus
business het bedrijf, de zaak
busy druk, bezig
but maar

butcher de slager
butter de boter
buy kopen

café het café
café terrace het terrasje
cake de taart
calculate rekenen
call roepen
camera het fototoestel
car de auto
car door het portier
card de kaart
carry dragen
case het geval; de koffer
cat de kat, poes
CD de cd
centre het centrum
certain zeker
chair de stoel
change veranderen; wisselen
cheap goedkoop
cheese de kaas
child het kind
chips de friet, patat
chocolate de chocola(de)
cinema de bioscoop
citizen de burger
clear duidelijk
clever knap, slim
close dichtdoen, dichtgaan
close to/by dichtbij
closed gesloten
clothes de kleren
coat de jas
coffee de koffie
collect afhalen
colour de kleur
come komen
come towards tegemoetkomen
come across tegenkomen
come back terugkomen
company de firma, het bedrijf
compare vergelijken
complaint de klacht
complete afmaken

**computer** de computer
**concerning** betreffende
**concert** het concert
**consumer** de consument
**contented** tevreden
**continue** doorgaan
**cook** koken
**corner** de hoek
**correct** juist
**cosy** gezellig
**cough** de hoest
**counter** de toonbank
**country** het land
**cow** de koe
**cry** huilen
**cup** het kopje
**curtain** het gordijn
**customer** de klant
**cut** snijden

**dangerous** gevaarlijk
**dare** durven
**dark** donker
**date** de datum; het jaartal
**daughter** de dochter
**day** de dag
**day out** het uitstapje, dagje uit
**dead** dood
**decide** beslissen
**declare** verklaren
**definitely** beslist
**depart** vertrekken
**department store** het
  warenhuis
**department** de afdeling
**describe** beschrijven
**dessert** het toetje
**diary** de agenda
**die** sterven
**difficult** moeilijk
**direction** de richting
**disadvantage** het nadeel
**do** doen
**doctor** de dokter, arts
**dog** de hond
**door** de deur

**double room** de
  tweepersoonskamer
**downstairs** beneden
**drawing** de tekening
**dress** de jurk
**dress** (zich) aankleden
**drink** drinken
**drive** rijden
**drive away** wegrijden
**dry** dry
**dry clean** stomen
**dull** saai
**Dutch** Nederlands
**Dutchman** de Nederlander
**Dutch woman** de Nederlandse
**duty** de plicht

**each other** elkaar
**each** elk
**early** vroeg
**earn** verdienen
**easy** makkelijk
**eat** eten
**eat up** opeten
**egg** het ei
**embrace** omarmen
**empty** leeg
**end** het einde
**engine** de motor
**English** Engels
**English man** de Engelsman
**English woman** de Engelse
**enjoy oneself** zich amuseren
**enough** genoeg
**entrance** de ingang
**equal** gelijk
**escape** ontsnappen
**escape** ontsnappen
**evening** de avond
**evening meal** het avondeten
**everyone** iedereen
**everything** alles
**evil** het kwaad
**exact** precies
**exam** het examen
**example** het voorbeeld

**excellent** uitstekend
**except** behalve
**excuse me** pardon
**exit** de uitgang
**expensive** duur
**experience** de ervaring
**explain** verklaren
**eye** het oog

**face** het gezicht
**fall** vallen
**family (nuclear)** het gezin
**family (extended)** de familie
**far** ver
**farmer** de boer
**fast** snel
**fat** dik, vet
**father** de vader
**father-in-law** de schoonvader
**feel** voelen
**feel like** zin hebben in
**feeling** het gevoel
**fetch** halen, afhalen
**fever** de koorts
**fill up with petrol** tanken
**filling station** tankstation
**film** de film
**find** vinden
**fine** fijn, mooi
**finish** afmaken
**firm** de firma
**first** eerst
**fish** de vis
**flat** de flat, woning
**flower** de bloem
**follow** volgen
**food** het eten
**foot** de voet
**for** want; voor
**foreign** vreemd
**forget** vergeten
**fork** de vork
**free** vrij, gratis
**French** Frans
**French man** de Fransman
**French woman** de Franse

**fresh** vers
**fridge** de koelkast
**friend** de vriend
**friendly** aardig, vriendelijk
**fruit** het fruit
**full** vol
**fun** de pret
**funny** grappig
**furthermore** bovendien

**garden** de tuin
**gentleman** de meneer, heer
**German** Duits
**German woman (man)**
  de Duitse(r)
**get** krijgen
**girl** het meisje
**girlfriend** de vriendin
**give** geven
**give up** opgeven
**gladly** graag
**glass** het glas
**glasses** de bril
**go** gaan
**go back** teruggaan
**go out** uitgaan
**go past** voorbijgaan
**go with** meegaan
**go away** weggaan
**gold** goud
**good** goed
**good afternoon** goedemiddag
**good evening** goedenavond
**good-looking** knap
**good morning** goedemorgen
**goodbye!** dag!
**grandpa** de opa
**granny** de oma
**great** fijn, prima
**green** groen
**group** de groep
**grow** groeien
**growth** de groei

**hair** het haar
**half** de helft

**hand** de hand
**hang** hangen
**happen** gebeuren
**happy** blij, gelukkig, tevreden, vrolijk
**hard** hard
**hat** de hoed
**have** hebben
**have to** moeten, hoeven
**head** het hoofd
**headache** de hoofdpijn
**healthy** gezond
**hear** horen
**heavy** zwaar
**hello!** dag!
**help** helpen
**history** de geschiedenis
**hit** slaan
**hold** houden
**holiday** de vakantie
**at home** thuis
**homework** het huiswerk
**hospitable** gastvrij
**hospital** het ziekenhuis
**hotel** het hotel
**hour** het uur
**house** het huis, de woning
**how** hoe
**human being** de mens
**hurry** haasten
**husband** de man

**idea** het idee
**if** als
**ill** ziek
**imagine** zich verbeelden
**immediately** meteen, onmiddellijk
**important** belangrijk
**increase** toenemen
**indeed** inderdaad
**inside** binnen
**intend** bedoelen
**intentional** opzettelijk
**interest** de belangstelling
**interest** interesseren

**interesting** interessant
**interval** de pauze
**introduce** voorstellen
**invite** uitnodigen

**jacket** het jasje
**job** de baan, betrekking
**journey** de reis
**jumper** de trui
**just** even, net, pas

**keep** houden
**key** de sleutel
**kill** ombrengen
**kind** aardig, vriendelijk
**kitchen** de keuken
**knife** het mes
**knock** kloppen
**know** weten, kennen
**knowledge** de kennis

**lady** de dame, mevrouw
**large** groot
**last** duren
**late** laat
**laugh** lachen
**leaf** het blad
**learn** leren
**least** minst
**at least** minstens
**leather** het leer
**leave** laten; vertrekken
**left** links, linksaf
**left hand** de linkerhand
**leg** het been
**leg (of animal/table)** de poot
**lesson** de les
**let** laten
**letter** de brief
**lettuce** de sla
**library** de bibliotheek
**lie** liggen
**life** het leven
**light** het licht
**light** licht
**listen** luisteren

little klein
a little een beetje
live leven, wonen
living room de woonkamer
loaf het brood
long lang
loo de wc, het toilet
look eruitzien; kijken
look at bekijken
look for zoeken
look up opkijken
loud hard, luid
love de liefde
love houden van
lovely mooi
lunch de lunch
have lunch lunchen

mad gek
magazine het blad, tijdschrift
make maken
man de man
manager de manager
map de kaart, plattegrond
market de markt
marriage het huwelijk
get married trouwen
I, you etc. may mogen
mean bedoelen, betekenen
meaning de zin
meat het vlees
meet ontmoeten
midday de middag
milk de melk
minced meat het gehakt
mirror de spiegel
Miss de juf
miss missen
mistake de fout
make a mistake zich vergissen
mobile phone mobieltje
moment het ogenblik
money het geld
month de maand
moon de maan
moreover bovendien

morning de morgen, ochtend
mother de moeder
mother-in-law de schoonmoeder
mouth de mond
move house verhuizen
Mr meneer
Mrs mevrouw
much veel
museum het museum
music de muziek
must moeten

name de naam
nation het volk
natural natuurlijk
necessary nodig
need de behoefte
neighbour de buur
neighbourhood de buurt
never nooit
new nieuw
newspaper de krant
nice leuk, prettig; aardig
night de nacht
no-one niemand
non-alcoholic vris
normal normaal
north het noord(en)
nose de neus
not niet
note het briefje
nothing niets
notice merken
now nu, nou
nowadays tegenwoordig
nowhere nergens
number het aantal
nurse de verpleegster

obtain krijgen
occasion de keer
occupation de werkzaamheid,
  het beroep
of course natuurlijk
of van
offer de aanbieding

**offer** aanbieden
**office worker** de kantoorbediende
**office** het kantoor
**often** vaak
**old** oud
**on** op
**one and a half** anderhalf
**only** enig; alleen
**open** open
**open** openen, opengaan
**open (something)** openen, opendoen
**or** of
**order** bestellen
**ordinary** gewoon
**other** ander
**otherwise** anders
**out** uit
**outside** buiten
**over** over
**own** eigen

**package** het pakje
**pain** de pijn
**pair** het paar
**paper** het papier
**parcel** het pakje
**parent** de ouder
**park** het park
**part** het deel
**particular** bijzonder
**party** het feest
**pass** passeren
**paw** de poot
**pay** betalen, afrekenen
**pen** de pen
**people** het volk, de mensen
**perhaps** misschien
**person** de mens
**persuade** overreden
**petrol** de benzine
**petrol station** het benzinestation
**photograph** de foto
**piece** het stuk
**pill** de pil
**pity!** jammer!

**place** de plaats
**plan** het plan
**plate** het bord
**platform** het perron
**platform 2** spoor 2
**play** het toneelstuk
**play** spelen
**please** alstublieft, alsjeblieft
**pleasure** het plezier
**police station** het politiebureau
**police** de politie
**policeman** de agent
**polite** beleefd
**poor** arm
**post office** het postkantoor
**postage stamp** de postzegel
**pot** de pot
**potato** de aardappel
**precise** precies
**preference** de voorkeur
**pregnant** zwanger
**prepare** klaarmaken
**prescription** het recept
**present** het cadeau(tje)
**present** huidig
**price tag** het prijskaartje
**primary school teacher** de juf
**prince(ss)** de prins(es)
**problem** het probleem
**programme** het programma
**promise** beloven
**proposal** het voorstel
**propose** voorstellen
**pub** de kroeg
**publish** uitgeven
**put down** leggen, zetten
**put down** neerleggen, neerzetten

**quarter of an hour** het kwartier
**queue** de rij
**quick** snel

**radio** de radio
**rain** de regen
**rain** regenen
**reaction** de reactie

read lezen
ready klaar
get ready klaarmaken
real echt
receptionist de receptionist
recipe het recept
red rood
refuse weigeren
region het gebied
relationship de verhouding
remain blijven
remember zich herinneren
repair de reparatie
reserve reserveren
rest de rust
restaurant het restaurant
retire zich terugtrekken;
  met pensioen gaan
return ticket het retour(tje)
rich rijk
ride rijden
right rechts
be right gelijk hebben
that's right dat klopt
right hand de rechterhand
ring bellen
ring up opbellen
road de weg
roof het dak
room de kamer
row de rij; ruzie
rule de regel
run rennen
Russian man (woman) de Rus(sin)

sadly helaas
salad de salade, sla
the same dezelfde, hetzelfde
satisfied tevreden
save redden
say zeggen
scarf de das
sea de zee
second hand tweedehands
secretary de secretaresse
see zien

see again terugzien
seem lijken, schijnen
self zelf
sell verkopen
sense de zin
sentence de zin
serve dienen
service de dienst
sharp scherp
sheet het laken
ship het schip
shirt het hemd
shoe de schoen
shop de winkel
shop winkelen
shop assistant de winkelbediende
shop window de etalage
short kort
shortly binnenkort
shower de douche
shut dicht
shut dichtgaan
shut (something) dichtdoen
side de kant
silver het zilver
sing zingen
single room eenpersoonskamer
sister de zus
sit zitten
skirt de rok
sleep slapen
slow langzaam
small klein
smell ruiken
smoke roken
so zo
soft zacht
some sommige
something iets
sometimes soms
somewhere ergens
son de zoon
song het lied
soon gauw, binnenkort
sore throat de keelpijn
sorry! sorry!

**I am sorry** het spijt me
**sort** het soort
**sound** klinken
**Spanish** Spaans
**speak** spreken
**special** bijzonder, speciaal
**spectacles** de bril
**spend** uitgeven
**spoon** de lepel
**sport** de sport
**spring** de lente, het voorjaar
**square** het plein
**staff** het personeel
**stage** het toneel
**stand** staan
**star** de ster
**station** het station
**stay** blijven, logeren
**steak** de biefstuk
**steal** stelen
**steering wheel** het stuur
**still** nog
**stop** stoppen, ophouden
**straight** recht
**strange** vreemd
**street** de straat
**strong** sterk
**student** de student
**study** studeren
**stupid** dom
**be successful** lukken
**suddenly** ineens, plotseling
**sugar** de suiker
**suit** het pak
**suitcase** de koffer
**summer** de zomer
**sun** de zon
**supermarket** de supermarkt
**sure** zeker
**swallow** slikken
**sweet** zoet
**swim** zwemmen
**switch off** uitzetten

**table** de tafel
**take** nemen

**take along** meenemen
**talk** praten
**tart** de taart
**taste** de smaak
**taste** smaken
**tasty** lekker
**taxi** de taxi
**tea** de thee
**teach** leren
**teacher (f)** de lerares
**teacher (m)** de leraar
**telephone call** het telefoontje
**telephone** de telefoon
**television** de televisie, tv
**tell** vertellen
**terrible** verschrikkelijk
**thank** danken, bedanken
**theatre** het theater
**then** dan, toen
**there** daar
**thick** dik
**thief** de dief
**thin** mager
**thing** het ding, de zaak
**think** denken
**throat** de keel
**through** door
**ticket** de kaart, het kaartje
**ticket window** het loket
**tie** de das
**time** de tijd
**tired** moe
**today** vandaag
**together** samen
**toilet** het toilet, de wc
**tomorrow** morgen
**tough** taai
**town** de stad
**trade** de handel
**traffic** het verkeer
**traffic jam** de file
**train** de trein
**tram** de tram
**travel** reizen
**tree** de boom
**trip** het uitstapje, het dagje uit

trousers  de broek
true  waar
try  proberen
turn  draaien
turn/switch on  aanzetten
turn/switch off  uitzetten

umbrella  de paraplu
uncle  de oom
understand  verstaan;
  begrijpen
upperclass  deftig
upstairs  boven
use  het gebruik, nut
use  gebruiken
usual  gewoon

vacation  de vakantie
vegetable  de groente
very  erg, heel, zeer
view  het uitzicht
visit  het bezoek
visit  bezoeken

wait  wachten
walk  lopen
wall  de muur
want  willen
wash  (zich) wassen
water  het water
way  de weg; de manier
way back  de terugweg
weather  het weer
wedding  de bruiloft
week  de week
weekend  het weekend
well  nou

well-known  bekend
what  wat
when  wanneer?; toen
whenever  wanneer
where  waar
whether  of
which  welk
while  terwijl
whine  zeuren
white  wit
who  wie?; die/dat
whole  heel
why  waarom
wide  breed
wife  de vrouw
willingly  graag
window  het raam
wine  de wijn
winter  de winter
with  met
withdraw  (zich) terugtrekken
without  zonder
woman  de vrouw
wonderful  prachtig
wood  het hout
word  het woord
work  werken
worn  versleten
write  schrijven
writer  de schrijver
wrong  verkeerd

year  het jaar
yellow  geel
yes indeed  jawel
yesterday  gisteren
young  jong

**aan** to
**aanbieden** to offer
**de aanbieding** offer
**zich aankleden** to get dressed
**aankomen** to arrive
**aannemen** to accept
**het aantal** number
**aanvaarden** to accept
**aanzetten** to turn/switch on
**de aardappel** potato
**aardig** nice, friendly
**achter** behind
**achterin** in the back
**acteren** to act
**de acteur** actor
**het adres** address
**de afdeling** department
**afhalen** to collect, fetch
**afmaken** to complete, finish
**afrekenen** to pay the bill
**afslaan** to turn off
**de afspraak** appointment
**de agenda** diary, agenda
**de agent** policeman
**al** already
**allebei** both
**alleen** alone; only
**alles** everything
**als** as; if
**alsjeblieft, alstublieft** please
**altijd** always
**de ambitie** ambition
**de Amerikaan** American
**Amerikaans** American
**zich amuseren** to enjoy oneself
**ander** other
**anderhalf** one and a half
**anders** otherwise
**antwoorden** to answer
**de appel** apple
**de appeltaart** apple cake
**de arm** arm
**arm** poor
**de arts** doctor

**de auto** car
**de avond** evening
**het avondeten** evening meal

**de baan** job
**de baas** boss
**de baby** baby
**het bad** bath
**de badkamer** bathroom
**de bakker** baker
**de bal** ball
**bang** afraid, frightened
**de bank** bank; sofa
**het bed** bed
**bedanken** to thank
**bedoelen** to mean, intend
**het bedrag** amount
**het bedrijf** business, company
**het been** leg
**het beetje** little, bit
**beginnen** to begin
**begrijpen** to understand
**behalve** except
**beide** both
**de behoefte** need
**bekend** well-known
**bekijken** to look at
**belangrijk** important
**de belangstelling** importance
**beleefd** polite
**bellen** to ring, telephone
**beloven** to promise
**beneden** below, downstairs
**de benzine** petrol
**het benzinestation** petrol station
**het beroep** profession, occupation
**beschrijven** to describe
**beslissen** to decide
**beslist** definitely
**bestellen** to order
**betalen** to pay
**betekenen** to mean
**beter** better
**betreffende** concerning

de betrekking job, post
bevallen to please
bewonderen to admlre
bezig busy
het bezoek visit
bezoeken to visit
de bibliotheek library
de biefstuk steak
het bier beer
bij with, at
bijna almost
bijvoorbeeld for example
bijzonder special
binnen inside
binnenkort soon, shortly
de bioscoop cinema
het blad leaf, paper, magazine
blauw blue
blij happy
blijven stay, remain
blind blind
de bloem flower
het boek book
de boer farmer
de boodschap message; (plural) shopping
de boom tree
de boot boat
de boottocht boat trip
het bord plate
de boter butter
boven above, upstairs
bovendien moreover, furthermore
branden to burn
breed wide, broad
breken to break
brengen to bring
de brief letter
het briefje note
de bril spectacles, glasses
de Brit(se) British man (woman)
Brits British
de broek trousers
de broer brother
het brood bread, loaf
het broodje bread roll
de brug bridge

de bruiloft wedding
bruin brown
buiten outside
de burger citizen
de bus bus
de buur neighbour
de buurman neighbour
de buurvrouw neighbour

het cadeau present
het café cafe
de cd CD
het centrum centre
de chef boss
de chocola(de) chocolate
de computer computer
het concert concert
de consument consumer
daar there
de dag day
dag! hello! goodbye!
het dak roof
de dame lady
dan then
danken to thank
de das tie, scarf
de datum date
het deel part
deftig upperclass, posh
denken to think
de deur door
dezelfde the same
dichtbij close to/by
dichtdoen to shut (something)
dichtgaan to shut
de dief thief
de dienst service
het dier animal
dik fat, thick
het ding thing
de directeur director, head
de dochter daughter
doen to do
de dokter doctor
dom stupid
donker dark
dood dead

**door** through
**doorgaan** to continue
**de doos** box
**de douche** shower
**draaien** to turn
**dragen** to carry
**drinken** to drink
**droog** dry
**druk** busy
**duidelijk** clear
**Duits** German
**de Duitse(r)** German woman (man)
**duren** to last
**durven** to dare
**dus** so
**duur** expensive

**echt** real(ly)
**de eenpersoonskamer** single room
**eerder** before, earlier
**eerst** first
**het ei** egg
**eigen** own
**eigenlijk** actually
**het eind** end
**elk** each
**elkaar** each other
**Engels** English
**de Engelse** English woman
**de Engelsman** English man
**enig** only
**erg** very; bad
**ergens** somewhere
**eruitzien** to look
**de ervaring** experience
**de etalage** shop window
**het eten** food
**eten** to eat
**even** just
**het examen** exam

**de familie (**extended) family
**het feest** party
**de fiets** bicycle
**fijn** fine, great
**de file** traffic jam
**de film** film

**de firma** firm, company
**de fles** bottle
**de foto** photograph
**het fototoestel** camera
**de fout** mistake
**de Franse** French woman
**de Fransman** French man
**de friet** chips, french fries
**fris** fresh, non-alcoholic
**het fruit** fruit

**gaan** to go
**gastvrij** welcoming, hospitable
**gauw** soon
**gebeuren** to happen
**het gebied** area
**geboren** born
**het gebouw** building
**het gebruik** use
**gebruiken** to use
**zich gedragen** to behave
**geel** yellow
**het gehakt** minced meat
**gek** mad
**het geld** money
**geleden** ago
**gelijk** equal
**gelijk hebben** to be right
**geloven** to believe
**gelukkig** happy, lucky
**gemeen** mean
**gemeen hebben** to have
   in common
**genoeg** enough
**de geschiedenis** history
**gesloten** closed, shut
**gevaarlijk** dangerous
**het geval** case
**geven** to give
**het gevoel** feeling
**gewoon** usual, ordinary
**gezellig** sociable, cosy
**het gezicht** face
**het gezin** (nuclear) family
**gezond** healthy
**gisteren** yesterday
**het glas** glass

**goed** good, ok, well
**goedemiddag** good afternoon
**goedemorgen** good morning
**goedenavond** good evening
**goedkoop** cheap
**het gordijn** curtain
**goud** gold
**graag** willingly, gladly
**grappig** funny
**het gras** grass
**de grens** border
**de groei** growth
**groeien** to grow
**groen** green
**de groente** vegetable
**de groep** group
**de groet** greeting
**de grond** ground
**groot** big, large

**het haar** hair
**haasten** to hurry
**halen** fetch
**de hand** hand
**de handel** trade
**hangen** to hang
**hard** hard; loud
**hebben** to have
**heel** whole; very
**de heer** gentleman; Mr.
**heet** hot
**helaas** sadly
**helemaal** completely
**de helft** half
**helpen** to help
**het hemd** shirt
**de herfst** autumn
**zich herinneren** to remember
**heten** to be called
**hetzelfde** the same
**hoe** how
**de hoed** hat
**de hoek** corner
**hoesten** to cough
**hoeveel** how many, how much
**hoeven** to have to
**de hond** dog

**de honger** hunger
**het hoofd** head
**de hoofdpijn** headache
**de hoofdzaak** main thing
**hoog** high
**hopen** to hope
**horen** to hear
**het hotel** hotel
**houden** to hold, keep
**houden van** to love
**het hout** wood
**huidig** present
**huilen** to cry
**het huis** house
**het huiswerk** homework
**huren** to rent, hire
**het huwelijk** marriage

**het idee** idea
**iedereen** everyone
**iets** something
**het ijs** ice, ice-cream
**inbreken** to break in
**inderdaad** indeed
**ineens** suddenly
**de ingang** entrance
**interessant** interesting
**interesseren** to interest
**instappen** to get in

**het jaar** year
**het jaartal** year eg.1996
**jammer** (what a) pity, shame
**de jas** coat
**het jasje** jacket
**jawel** yes indeed
**jong** young
**de jongen** boy
**de juf** 'Miss', primary school
teacher
**juist** correct, right
**de jurk** dress

**kaal** bald
**de kaart** ticket, card, map
**de kaas** cheese
**de kamer** room

**de kant** side
**het kantoor** office
**de kantoorbediende** office worker
**kapot** broken
**de kapper** hairdresser, barber
**de kat** cat
**de keel** throat
**de keelpijn** sore throat
**de keer** time, occasion
**kennen** to know
**de kennis** knowledge, acquaintance
**de ketel** kettle
**de keuken** kitchen
**kijken** to look
**het kind** child
**de kip** chicken
**klaar** ready
**klaarmaken** to get ready, prepare
**de klacht** complaint
**de klant** customer
**klein** small, little
**de kleren** clothes
**de kleur** colour
**klinken** to sound
**de klok** clock
**kloppen** to knock
**dat klopt** that's right
**knap** clever, good-looking
**de koe** cow
**de koelkast** fridge
**de koffer** suitcase
**de koffie** coffee
**koken** to cook
**komen** to come
**de koorts** fever, high temperature
**kopen** to buy
**het kopje** cup
**kort** short
**kosten** to cost
**koud** cold
**de krant** newspaper
**krijgen** to get, obtain
**de kroeg** pub
**kunnen** to be able
**het kwaad** evil
**kwaad** evil; angry
**het kwartier** quarter of an hour

**laat** late
**lachen** to laugh
**het laken** sheet
**lang** long
**langs** along
**langzaam** slow
**laten** to leave, let
**leeg** empty
**het leer** leather
**de leeuw** lion
**leggen** to put
**lekker** tasty, good
**de lente** spring
**de lepel** spoon
**de leraar** teacher
**leren** to teach; learn
**de les** lesson
**leuk** nice
**het leven** life
**leven** to live
**lezen** to read
**het licht** light
**licht** light
**het lied** song
**de liefde** love
**liggen** to lie
**lijken** to seem
**de linkerhand** left hand
**links** (on the) left
**linksaf** (to the) left
**de literatuur** literature
**logeren** to stay
**het loket** ticket window
**lopen** to walk
**luisteren** to listen
**lukken** to be successful
**de lunch** lunch
**lunchen** to have lunch
**de maal** time
**de maan** moon
**de maand** month
**maar** but
**mager** thin
**maken** to make
**makkelijk** easy
**de man** man; husband
**de manager** manager

de manier  way, manner
de markt  market
meegaan  to go along
meenemen  to take along
meer  more
meerijden  to go/come with
het meisje  girl
de melk  milk
de meneer  gentleman, Mr
de mens  person, human being
merken  to notice
het mes  knife
met  with
meteen  immediately
het meubel  furniture
de mevrouw  lady, Mrs
de middag  midday
het midden  middle
minder  less
de misdaad  crime
misschien  perhaps
missen  to miss
mobieltje  mobile phone
moe  tired
de moeder  mother
het moeilijk  difficult
moeten  to have to, must
mogelijk  possible
mogen  to be allowed, may
de mond  mouth
mooi  beautiful, lovely
de morgen  morning
morgen  tomorrow
de motor  engine
het museum  museum, art gallery
de muur  wall
de muziek  music
na  after
de naam  name
naar  to
naast  next to, beside
de nacht  night
het nadeel  disadvantage
het najaar  autumn
natuurlijk  natural; of course
de Nederlander  Dutchman
Nederlands  Dutch

de Nederlandse  Dutch woman
neerzetten  to put down
nemen  to take
nergens  nowhere
net  nice; just
de neus  nose
niemand  no-one
niet  not
niets  nothing
nieuw  new
nodig  necessary
nog  still
normaal  normal
nooit  never
noord  north
nou  well, now
nu  now
het nut  use

de ober  waiter
de ochtend  morning
of  or; whether
het ogenblik  moment
om  at, for, around
de oma  granny
omarmen  to embrace
ombrengen  to kill
omdat  because
onder  under
ongeveer  about, approximately
onmiddelijk  immediately
het ontbijt  breakfast
ontmoeten  to meet
ontsnappen  to escape
ontzettend  terrible
het oog  eye
ook  also
de oom  uncle
op  on
de opa  grandpa
opbellen  to ring up
open  open
opendoen  to open (something)
opengaan  to open
opeten  to eat up
opgeven  to give up
ophouden  to stop

**opkijken** to look up
**opschieten** to get a move on
**opwinden** to excite
**opzettelijk** intentional, on purpose
**oud** old
**de ouder** parent
**over** over
**overhebben** to have left over
**overhouden** to be left with
**overreden** to persuade

**het paar** pair
**het pak** suit
**het pakje** package, parcel
**het papier** paper
**de paraplu** umbrella
**pardon** excuse me
**het park** park
**pas** just
**passeren** to pass
**de patat** chips, french fries
**de pauze** interval
**de peen** carrot
**de peer** pear
**de pen** pen
**het perron** platform
**het personeel** staff, personnel
**de persoon** person
**de pet** cap
**de pijn** pain
**de pil** pill
**de plaats** place
**het plan** plan
**het plein** square
**het plezier** pleasure
**de plicht** duty
**plotseling** suddenly
**de poel** pool
**de poes** cat, puss
**de politie** police
**het politiebureau** police station
**de poot** paw, leg (of animal/table)
**het portier** car door
**het postkantoor** post office
**de postzegel** postage stamp
**de pot** pot
**prachtig** wonderful

**praten** to talk
**precies** exact, precise
**de pret** fun
**prettig** nice
**de prijs** price
**het prijskaartje** price tag
**de prins(es)** prince(ss)
**proberen** to try
**het probleem** problem
**het programma** programme
**de pruik** wig
**het publiek** audience
**het raam** window
**de radio** radio
**de reactie** reaction
**het recept** recipe; prescription
**de receptionist** receptionist
**recht** right, straight
**de rechterhand** right hand
**rechts** (on the) right
**rechtsaf** (to the) right
**redden** to save
**de regel** rule
**de regen** rain
**regenen** to rain
**de reis** journey
**reizen** to travel
**rekenen** to calculate
**de reclame** advert, advertising
**rennen** to run
**de reparatie** repair
**reserveren** to reserve
**het restaurant** restaurant
**het retour** return ticket
**de richting** direction
**de rij** row, queue
**rijden** to drive. ride
**rijk** rich
**roepen** to call
**de rok** skirt
**roken** to smoke
**de roman** novel
**rood** red
**de rug** back
**ruiken** to smell
**de Rus(sin)** Russian man
   (woman)

de rust  rest
de ruzie  row, argument

saai  dull, boring
samen  together
scherp  sharp
schijnen  to seem
schilderen  to paint
het schip  ship
de schoen  shoe
de schoonmoeder  mother-in-law
de schoonvader  father-in-law
schrijven  to write
de schrijver  writer
de secretaresse  secretary
serveren  to serve
de sla  salad, lettuce
slaan  to hit
de slaapkamer  bedroom
slagen  to be successful
de slager  butcher
slapen  to sleep
slecht  bad
de sleutel  key
slikken  to swallow
slim  clever
sluiten  to shut, close
sluw  sly
smaken  to taste
snel  fast, quick
snijden  to cut
solliciteren  to apply
sommige  some
soms  sometimes
het soort  sort, kind
Spaans  Spanish
speciaal  special
spelen  to play
de spiegel  mirror
het spijt me  I am sorry
spontaan  spontaneous
het spoor  track, platform
spreken  to speak
staan  to stand
de stad  town
het station  station
stelen  to steal

de ster  star
sterk  strong
sterven  to die
stil  quiet
de stoel  chair
stomen  to dry clean
stoppen  to stop
de straat  street
het strand  beach
de streek  region
het stro  straw
de student  student
studeren  to study
de studie  studies
de studievriend(in)  college/
  university friend
het stuk  piece
sturen  to send
het stuur  steering wheel,
  handlebars
de suiker  sugar
de supermarkt  supermarket
taai  tough
de taal  language
de taart  cake, tart
de tafel  table
tanken  to fill up with petrol
het tankstation  filling station
de tante  aunt
de tas  bag
de taxi  taxi
tegemoetkomen  to come towards
tegen  against
tegenkomen  to come across,
  run into
tegenwoordig  nowadays
de tekening  drawing
de telefoon  telephone
het telefoontje  telephone call
de televisie  television
tenminste  at least
het terrasje  café terrace
teruggaan  to go back
terugkomen  to come back
terugkrijgen  to get back
zich terugtrekken  to withdraw,
  retire

de terugweg way back
terugzien to see again
terwijl while
tevreden happy, contented, satisfied
het theater theatre
de thee tea
thuis at home
de tijd time
toen then; when
toenemen to increase
het toetje dessert
het toneel stage
het toneelstuk play
de toonbank counter
tot until
de tram tram
de trein train
trek hebben in to feel like
trekken to pull
trouwen to get married
de trui jumper
de tuin garden
tussen between
tweedehands second hand
de tweepersoonskamer double
  room

uit out
uitgaan to go out
uitgang exit
uitgeven to publish; spend
uitmaken to break off (a
  relationship)
uitnodigen to invite
het uitstapje trip, day out
uitsteken to stick/hold out
uitstekend excellent
uitzetten to switch/turn off
het uitzicht view
het uur hour

vaak often
de vader father
de vakantie holiday, vacation
vallen to fall
van of
vanavond this evening

vandaag today
vanmiddag this afternoon
vanmorgen this morning
veel much, a lot
ver far
veranderen to change
verbaasd amazed
zich verbeelden to imagine
verdienen to earn
vergelijken to compare
vergeten to forget
zich vergissen to make a mistake
de verhouding relationship
verhuizen to move house
het verkeer traffic
verkeerd wrong
verklaren to explain, declare
verkopen to sell
de verpleegster nurse
verschrikkelijk terrible
versleten worn
verstaan to understand, hear
vertellen to tell
vertrekken to leave, depart
zich vervelen to be bored
vet fat
vinden to find
de vis fish
het vlees meat
het vliegtuig aeroplane
het vliegveld airport
voelen to feel
de voet foot
vol full
volgen to follow
volgens according to
het volk people, nation
voor for
vooral above all, particularly
het voorbeeld example
voorbijgaan to go past
het voordeel advantage
het voorjaar spring
de voorkeur preference
'voorkomen to occur
voor'komen to prevent
het voorstel proposal

**voorstellen** to propose, introduce
**de vork** fork
**vragen** to ask
**vreemd** strange, foreign
**vreselijk** terrible, awful
**de vriend** friend
**vriendelijk** friendly, kind
**de vriendin** female friend,
  girlfriend
**vrij** free
**vroeg** early
**vrolijk** happy, jolly
**de vrouw** woman; wife

**waar** true
**waar** where
**waarom** why
**wachten** to wait
**wakker** awake
**wandelen** to walk
**wanneer** when, whenever
  **want** for, because
**het warenhuis** department store
**wassen** to wash
**wat** what
**het water** water
**de wc** toilet, loo
**de week** week
**het weekend** weekend
**het weer** weather
**weg** road, way
**weggaan** to go away
**wegrijden** to drive away
**weigeren** to refuse
**weinig** a little
**welk** which
**werken** to work
**de werkzaamheid** occupation
**weten** to know
**wie** who
**de wijn** wine
**willen** to want

**de winkel** shop
**de winkelbediende** shop assistant
**winkelen** to shop
**de winter** winter
**wisselen** to change
**wit** white
**wonen** to live
**de woning** flat, house
**de woonkamer** living room
**het woord** word
**worden** to become

**de zaak** thing, business
**zacht** soft
**de zee** sea
**zeer** very
**zeggen** to say
**zeker** sure, certain
**zelf** self
**zetten** to put
**zeuren** to whine, go on
**ziek** ill
**het ziekenhuis** hospital
**zien** to see
**zijn** to be
**zilver** silver
**de zin** sense, meaning;
  sentence
**zingen** to sing
**zitten** to sit
**zoet** to look for
**zoeken** sweet
**de zomer** summer
**de zon** sun
**zonder** without
**de zoon** son
**het zout** salt
**de zus** sister
**zwaar** heavy
**zwanger** pregnant
**zwart** black
**zwemmen** to swim

# Index

The numbers cross-refer to sections, not pages